促进城乡融合发展的农村基本公共文化服务供给优化研究

周　艳　著

中国财经出版传媒集团
中国财政经济出版社

图书在版编目（CIP）数据

促进城乡融合发展的农村基本公共文化服务供给优化研究 / 周艳著. -- 北京：中国财政经济出版社，2023.6

ISBN 978-7-5223-2124-0

Ⅰ. ①促… Ⅱ. ①周… Ⅲ. ①农村文化—公共管理—文化工作—研究—中国 Ⅳ. ①G12

中国国家版本馆CIP数据核字（2023）第054401号

责任编辑：彭　波　　　责任印制：史大鹏
封面设计：卜建辰　　　责任校对：徐艳丽

中国财政经济出版社 出版

URL：http：//www. cfeph. cn

E-mail：cfeph@ cfeph. cn

社址：北京市海淀区阜成路甲28号　邮政编码：100142

营销中心电话：010-88191522

天猫网店：中国财政经济出版社旗舰店

网址：https：//zgczjjcbs. tmall. com

北京财经印刷厂印刷　各地新华书店经销

成品尺寸：170mm × 240mm　16开　13.25印张　184 000字

2023年6月第1版　2023年6月北京第1次印刷

定价：68.00元

ISBN 978-7-5223-2124-0

（图书出现印装问题，本社负责调换，电话：010-88190548）

本社图书质量投诉电话：010-88190744

打击盗版举报热线：010-88191661　QQ：2242791300

PREFACE 前言

农村基本公共文化服务供给，作为满足农村居民日益增长的美好生活需要的重要手段，不仅肩负着缩小城乡差距、促进社会和谐的重要任务，而且承载着提高乡村社会文明程度、推进乡村振兴的重大使命。但长期以来，由于受城乡二元体制机制制约，农村基本公共文化服务的供给与需求矛盾较为尖锐。一方面，农村基本公共文化服务设施和文化资源相对匮乏，农村普遍存在基本公共文化服务供给不足问题；另一方面，伴随着经济发展，农民收入水平不断提高、农民受教育程度不断提升，再加上日益加深的现代城市文化影响，农村居民对于物质生活与精神生活的需求结构正在发生深刻变化，更加注重精神文化生活需求。农村基本公共文化服务的供求矛盾，迫切需要进一步优化农村基本公共文化服务供给机制，加大供给规模，优化供给结构，提高供给效率，促进基本公共文化服务均等化。这也正是本书研究的出发点与立足点。

“三农”问题是关系国计民生的根本性问题，“三农”问题的解决紧密关联着我国社会主义现代化强国建设的如期实现。自新中国成立以来，随着我国城镇与乡村的发展政策日益推进，城乡关系发生显著的改变，整体上呈现出从城乡分隔到城乡融合的发展态势。在城乡关系不断走向融合发展的进程中，劳动力在城乡间自由流动加快，资金在城乡间流动密切，与此同时，公共文化服务等公共服务的城乡均等化任务仍较艰巨。为此，政府逐年加大农村基本公共文化服务投入力度，中央先后出台《关于加快构建现代公共文化服务体系的意见》《国家“十三五”时期文化发展改革规划纲要》和《国家“十四五”文化和旅游发展规划》等重要顶层设计方案，明确要求“优化城乡文化资源配置，不断完善覆盖城乡、保基本、促公平的现代公共文化服务体系，提高公共文化服务的覆盖面和实效性”。基本公共文化服务均等化与效率供给是实现城乡融合发展的重要举措，随着乡村振兴战略的实施，农村基本公共文化服务的有效供给愈显紧迫与重要。

本书基于城乡融合视角，以农村基本公共文化服务供给机制为研究对象。农村基本公共文化服务，依据《国家基本公共文化服务指导标准（2015~2020年）》，包括读书看报、收听广播、观看电视、观赏电影、送地方戏、设施开放、文体活动7项基本服务项目以及硬件设施提供、人员配备。长期以来，我国基本公共文化服务供给，无论是规章制度制定还是实践管理都由政府主导，并存在显著的城乡差异。在城乡融合视域下，本书期望优化由政府主导的农村基本公共文化服务供给机制，提高供给效率，实现城乡均等化，推进乡村振兴战略实施，最终实现城乡融合。本书的内容共分为七章。

第一章，城乡融合进程中农村基本公共文化服务的相关理论基础。首先，界定城乡融合、基本公共文化服务、农村基本公共文化服务供给等核心术语，明确本书的研究对象；其次，基于供给侧结构性改革理论、新公共管理理论、新公共服务理论、公共财政理论等，论证政府供给的理论依据及内在动力。

第二章，城乡融合进程中农村基本公共文化服务的供给演进与评价。自新中国成立以来，伴随着城乡关系的演变，农村基本公共文化服务供给，呈现出不同的阶段特征，最终形成现有的农村基本公共文化服务供给模式与运行机制。通过政策梳理，利用宏观统计数据，从时间和空间两个维度对农村基本公共文化服务供给进行描述性分析，并总结尚存的问题。

第三章，农村基本公共文化服务供需现状案例分析。设计调查问卷，选取安徽省合肥市肥东县、湖北省荆州市荆州区等县（区）进行调研。基于需求视角，对于农民所接受的公共文化服务内容、频次以及满意度进行客观性描述，基于供给视角，分析农村基本公共文化服务供需匹配存在的问题及原因。

第四章，城乡融合下的基本公共文化服务均等化评价。运用统计分析与泰尔指数实证分析方法，以我国31个省区市的基本公共文化服务供给作为研究对象，选取2012~2020年省级面板数据，测度城乡之间、区域之间的供给非均衡程度。从总体泰尔指数值来看，基本公共文化服务投入与人口分布、地区生产总值的匹配程度，有所提升但增速尚待提高。从总体泰尔指数分解结果来看，考察期内区域间泰尔指数值，基本呈下降趋势且波动较小，而区域内泰尔指数值是上下波动的且变化趋势不明显。

第五章，城乡融合下的农村基本公共文化服务供给效率评价。采用三阶段DEA和Malmquist指数方法，选取2012~2020年省级面板数据，基于静态和动态两个角度，评估我国31个省区市的基本公共文化服务供给效率。总体来看，近年来我国各省区市的基本公共文化服务供给效率呈现上升趋势，东、中、西部地区之间供给效率存在差异但逐年减小。

第六章，农村基本公共文化服务有效供给影响因素分析。在规范分析制度因素、经济因素、社会因素等对农村基本公共文化服务供给的作用机理基础上，选取财政分权度、经济发展水平、政府偏好、农村居民教育程度等作为替代变量，构建省级面板数据模型，实证分析各因素的影响程度。实证结果表明，经济发展水平、政府重视程度、老龄化以及居民受教育程度具有显著正向影响，而财政分权度产生了负向影响。

第七章，城乡融合视域下农村基本公共文化服务供给机制优化策略。针对我国农村基本公共文化服务供给的现状与存在问题，基于城乡融合视角，坚持需求导向、兼顾效率与公平、适应经济发展阶段等原则，搭建供给机制优化的总体框架，对农村基本公共文化服务的供给主体、供给方式、供给运行模式以及供给运行机制等进行优化，实现供给效率提升与供给的城乡均等化，以保障农村居民文化需求的满足与文化权利的实现。

本书研究成果的创新：一是研究视角的创新，现有关于农村公共服务的研究，绝大多数关注教育、医疗、社会保障以及环保等领域，鲜有关于农村基本公共文化服务供给的系统研究。本书以农村基本公共文化服务供给机制为研究对象，以期实现高效供给与城乡均等化的目标，促进城乡融合。二是学术观点的创新，现有研究基于农村视角分析农村问题，忽略了城乡有别的经济、社会二元体制对农村问题的根本制约，而城乡关系与城乡融合是解决一切农村问题的出发点与落脚点。从宏观层面来看，加快城乡公共文化服务融合发展，是实现乡村振兴的必然要求；从微观层面来看，加快城乡公共文化服务融合发展，是保障公民文化权益的重要手段。

作者

2023年2月

CONTENTS 目录

INTRODUCTION

导 论

第 一 节
研究背景与研究意义

文化权利是公民的一种基本权利，政府需要创造条件，保障公民文化权利的实现和文化需求的满足。公共文化服务供给是实现公众基本文化权益和满足广大居民基本文化需求的重要手段，也是塑造一个国家基本意识形态的基础性工作，承担着培育社会公德、提升社会品位、引领社会新风、推动社会进步的重任。

一、研究背景

2006年9月，中共中央、国务院发布《国家"十一五"时期文化发展规划纲要》，从国家层面首次正式提出"公共文化服务"，将加强"公共文化服务"作为国家文化建设的重要组成部分，并将其列为全面建设小康社会的任务之一，文化在公共服务领域的重要作用及地位得到明确。伴随着经济的全球化、一体化浪潮，文化软实力作为世界各国综合国力竞争的重要因素已是不争事实，为推动社会主义文化大繁荣，提高我国文化软实力，发挥文化引领、教育、服务等作用，2012年11月，党的十八大报告全面论述了“扎实推进社会主义文化强国建设的任务”。我国处于社会主义初级阶段，长期以来公共服务更侧重于教育、医疗、社会保障、环保等显性或有形领域，面对公众日益增长的精神生活与文化需求，为充分保障公众的文化权益，2013年11月，党的十八届三中全会明确提出“建立健全现代公共文化服务体系，推动社会主义文化大发展大繁荣”的任务。“十三五”规划进一步明确提出了“加强社会主义精神文明建设，建设社会主义文化强国；构建现代公共文化服务体系，推动基本公共文化服务标准化、均等化发展”的具体任务。2017年10月，党的十九大召开，报告指出“中国特色社会主义进入新时代，我国社会的主要矛盾已经转化为人民日益增长的美好生活需要和不平衡不充分的发展之间的矛盾”。进入新时代，人民群众对美好生活需要的向往中，包含更多的文化诉求。2020年10月，党的十九届五中全会通过的《中共中央关于制定国民经济和社会发展第十四个五年规划和二〇三五年远景目标的建议》，着眼于满足人民日益增长的精神文化生活需要的高度，对“十四五”时期的文化建设进行了部署，明确作出“提升公共文化服务水平”“推进城乡公共文化服务体系一体建设”等一系列重大部署。2021年12月，由国家发改委等部门联合印发的《“十四五”公共服务规划》，提出“推进城乡公共文化服务体系的一体建设，以县级文化馆、图书馆为中心推进总分馆制建设，实现城乡社区公共文化服务资源整合和互联互通”。这些顶层设计，既彰显着党和国家对公共文化服务的重视，也凸显了公共文化服务的重要性。

但由于长期二元经济社会体制制约，农村基本公共文化服务供给，无论是项目、设施还是人员配备均较薄弱，并存在显著的供求结构性失衡，这无疑是“三农”问题的体现，也制约着“三农”问题的解决。党的十九大首次明确提出，解决“三农”问题，必须实施乡村振兴战略，坚持农业和农村的优先发展，按照“产业兴旺、生态宜居、乡风文明、治理有效、生活富裕”的总要求，建立健全城乡融合发展的体制机制与相应的政策体系，统筹推进农村经济、政治、文化、社会、生态文明建设和党的建设，为我国5亿多乡村人口描绘了宏伟而美好的蓝图。乡村振兴不仅在于发展农村产业、提升农民收入，而且在于繁荣农村文化、丰富农村居民精神文化生活。随着乡村振兴战略的实施，加强农村基本公共文化服务建设、完善农村基本公共文化服务供给体制，是满足农村居民日益增长的精神文化服务需求、全面建成小康社会的重要内涵，也是乡村振兴战略的应有之义。

在城乡融合的进程中，我国农村基本公共文化服务供给成效显著，但与此同时，农村基本公共文化服务供给难以与农民需求契合、农村基本公共文化服务设施落后、从事农村基本公共文化服务的人才稀缺等问题仍突出。在城乡融合的过程中，农村居民受到城市文化的深刻影响，文化观念受到一定冲击，但由于农村基本文化设施建设相对落后，相当一部分的公共文化服务难以有效提供，导致一方面传统优秀文化的遗失，另一方面新型文化服务难以落地。农村文化建设是乡村振兴的源泉，农村基本公共文化服务是乡村振兴战略的重要环节，是实现基本公共服务均等化的重要抓手，也是“三农”问题的焦点。现有以政府为主导的公共文化服务供给，是否实现城乡均等化？供给效率如何？农民是否满意？是否有助于推进城乡融合？是否有助于实现乡村振兴？这些都是当前政府、学界和农村居民特别关注的重要议题。本书即在此背景下进行的选题，以期提高农村基本公共文化服务的供给效率，促进城乡基本公共文化服务的均等化，实现城乡融合发展。

二、研究意义

（一）理论意义

一是有利于丰富供给侧结构性改革的理论基础。基于城乡融合视角，系统研究农村地区基本公共文化服务供给状况、供给效率、供给影响因素及机制优化，提升农村地区有效供给水平，促进城乡供给均等化，为制定与完善农村地区经济社会政策提供新的理论依据。

二是基于公共文化视角，丰富和拓展公共服务理论研究范围。经济学科现有关于公共服务的研究，主要侧重教育、医疗、社会保障、环境保护等领域，针对文化服务的研究相对欠缺。通过系统研究农村地区公共文化服务供给水平、供给效率及提升机制，评价城乡公共文化服务均等化水平与实现路径，可进一步丰富和拓展公共服务的理论研究。

（二）实践价值

本书研究的应用价值之一，通过基本公共文化服务供给机制创新，优化农村基本公共文化服务供给主体、供给模式及供给机制，提高农村基本公共文化服务供给水平和质量。这有利于维护好发展好农村居民的文化权益，满足农村居民日益增长的文化需求；有利于在新时代焕发出乡村文明的新气象，繁荣发展农村文化，实现乡村文化振兴。

本书研究的应用价值之二，为农村基本公共文化服务供给政策优化、实施乡村振兴战略提供数据支撑和决策参考。通过农村基本公共文化服务有效供给机制的优化，为评价与反思我国基本公共文化服务供给，提供全新视角和研判标准，同时为在全面建成小康社会的历程中，推进公共文化服务与扶志、扶智相结合，塑造乡风文明，实施乡村振兴战略，实现城乡融合发展提供政策依据和决策参考。

第二节 文献综述

一、关于基本公共文化服务的研究

近年来，中央各项文件都强调立足民生改善，涉及教育、医疗、卫生、文化、社会保障等领域的“民生性公共服务”一直被党和国家高度重视。在众多民生性公共服务中，基本公共文化服务，具有区别于教育、医疗、社会保险等公共服务的特殊性。一是基本公共文化服务属于多学科交叉领域，涉及经济学、文化学、管理学、社会学等多个学科门类；二是基本公共文化服务，属于精神层面的产品范畴，因此除了具有公共服务产品的共性外，还具备公共文化产品的个性特征（王载册、钟丽萍，2013）[①]。

（一）关于基本公共文化服务的界定

公共文化服务是民众提升素质和发展自我的重要手段，有助于提高民众的幸福感、成就感，同时能够推动经济社会发展，促进人类文明进步，是现代社会文明的基本标尺（曹爱军，2009）[②]。公共文化服务作为一种重要的公共产品，主要源于Samuelson（1954）[③]提出的公共产品理论。Salamon（1987）[④]较早提出通过政府与其他部门的协作，实现公共文化服务领域供给水平的提升。Brown（2000）[⑤]主张，由于公共文化服务具有公共品属性，政府在公共文化服务供给、文化资源配置、满足公众文化权利方面需要承担不可或缺的责任。Dahlby B.，Warren N.（2003）[⑥]指出，由于公共文化的公共品特征，市场不愿提供或提供不足以满足公众需求，政府必须提供，或通过财政补贴弥补市场供给不足，确保公共文化产品的有效供给。经济基础决定上层建筑，相应的反作用就是，公共文化服务对经济发展具有正向激励效用，尤其对于发展中国家，增加公共文化服务领域的投入，有利于促进经济增长（Kiesling，1990）[⑦]。自

---

① 王载册，钟丽萍.论公共文化服务的基本性［J］.江汉论坛，2013（10）：122–125.

② 曹爱军.公共文化服务：理论蕴涵与价值取向［J］.湖北社会科学，2009（06）：40–42.

③ Samuelson P.A.. The Pure Theory of Public Expenditure［J］. Review of Economics & Statistics，1954，36（4）：387–389.

④ Salamon L. M.. Partners in Public Service：Government and the Nonprofit Sector in the American Welfare State［J］. Government，1987：35.

⑤ Brown A.. The Football Task Force and the regulator debate［J］. Football in the digital age whose game is it anyway，2000.

⑥ Dahlby B.，Warren N.. Fiscal Incentive Effects of the Australian Eqalisation System［J］. Economic Record，2003，79（247）.

⑦ Kiesling H. J.. Pedagogical Uses of the Public Goods Concept in Economics［J］. Journal of Economic Education，1990，21（2）：137–147.

到大量资金支持、更好监管和保护，具有较高效率，能够运用国家力量迅速为群众提供基本公共文化服务（Looseley,2001）[①]。该模式的不足在于政府供给财政压力大，信息不对称还会造成公共文化资金分配的不平等问题。市场分散模式的公共文化服务体系建设，能够通过市场竞争力量，调动社会组织的积极性配置公共文化资源，满足不同层次公众文化需求，但该模式不利于国家统一价值观的形成，也不利于政府文化战略的贯彻执行（Bedoya,2004）[②]。"一臂之距"分权化模式的公共文化服务体系建设，政府部门直接管理文化事务减少，加强了文化团体监督，提高了公共文化服务的管理效率。Throsby（2010）认为，公共财政投入可以有效提高文化的经济价值，带动公共文化服务供给的稳定增长[③]。

由于起步晚、起点低，我国农村基本公共文化建设一直以"供给"为核心，2015年"供给侧结构性改革"的提出，更是强化了这一研究视角。农村基本公共文化服务提供的图书数量少，文化站服务人员素质低、服务意识差，文化活动单一、不成规模，专业技术人员较为缺乏，公共文化基础设施、公共文化活动及其财政投入等方面存在供不应求（董帅兵、邱星，2021；[④]王军伟、杨太康，2017[⑤]）。在面对供给内容同质化、供给方式单调化等与需求不相适应的失衡问题时，学术界主流观点认为供需失衡矛盾的关键在于供给侧。吴理财（2011）[⑥]认为基本公共文化服务供给的现实与预定目标存在偏离，原因在于基本公共文化服务过程中的国家、基层政府、文化部门、政府官员间的运作逻辑矛盾，

---

① Looseley D.. Cultural Policy in France Since 1959：Arm's Length，or Up Close and Personal? [M]. Nordisk Kultur Institute，2001.

② Bedoya R..U. S. Cultural Policy：Its Politics of Participation，Its Creative Potential，National Performance Network [EB/OL].2004，http：//www.npnweb.org/wp-content/content/files/CulturalPolicy.pdf.

③ Throsby D.. The Economics of Cultural Policy [M]. Cambridge University Press，2010.

④ 董帅兵，邱星.供给侧视角下我国农村公共文化服务的有效振兴——基于全国31省267个村庄的调查分析 [J]. 图书馆学研究，2021（02）：30-36.

⑤ 王军伟，杨太康.农村公共文化服务供需矛盾分析——以西安为例 [J]. 西安财经学院学报，2017，30（05）：78-82.

⑥ 吴理财.公共文化服务的运作逻辑及后果 [J]. 江淮论坛，2011（04）：143-149.

即国家追求效果，基层遭受压力，部门重视利益，官员需要政绩。张文亮、陈從瑢（2016）[①]认为，当前基本公共文化服务供给，由于缺少供给前信息，导致供需契合度不高、供需脱节等问题。杨刚（2018）[②]认为，单向度的基本公共文化服务供给，出现供给过剩、供给无效、高投入低产出等诸多问题，公共文化服务的现实与目标大相径庭。在面对供给侧与需求侧的矛盾问题时，由于供给偏刚性，需求较为弹性变动，因此有些学者认为应围绕需求进行供给、供给要满足需求，供给的重点在于关注需求内容、需求结构以及需求广度，进而从优化供给内容、供给方式等方面来提高服务质量。徐双敏、宋元武（2015）[③]通过问卷调查和入户访谈对湖北省17市的公共文化建设进行实地考察发现，无论是基本公共文化服务活动供给，还是公共文化服务设施供给等方面，都存在供需契合度不高的问题。基本公共文化服务活动和设施短缺、供需优先顺序错位，难以满足农民的文化需要，并阐述导致这种现象的主客观原因在于：一是供求双方对于公共文化服务的内容和效用各有侧重，二是作为“经济人”的政府对于显性文化服务的追求。

有部分学者采用实证方法论证基本公共文化服务供给不充分，并分析影响基本公共文化服务供给的综合因素。杨秀云、赵科翔、苏祎（2016）[④]采用全局熵值法赋权测度基本公共文化服务水平，研究结果表明，“十五”时期以来，政府实行的各项公共文化发展政策发挥了明显作用，各省区市的公共文化投入及产出均表现出持续上升趋势，但从区域来看，东西部地区的公共文化发展水平远高于中部地区，我国的公共

① 张文亮，陈從瑢.城市居民基本公共文化服务需求研究——以辽宁省为例［J］.图书馆学刊，2016，38（01）：64–68，71.

② 杨刚.城市社区公共文化服务行政化供给研究［J］.文化艺术研究，2018，11（01）：14–21.

③ 徐双敏，宋元武.当前农村基本公共文化服务供需契合状况实证研究［J］.学习与实践，2015（05）：67–75.

④ 杨秀云，赵科翔，苏祎.我国公共文化服务水平及其影响因素［J］.西安交通大学学报（社会科学版），2016，36（05）：81–88.

文化发展存在明显的“中部凹陷”现象。杨林、杨广勇（2020）[①]构建评价基本公共文化服务供给质量的指标体系，运用主成分赋权的标准化综合指数，对山东省的基本公共文化服务供给质量进行客观评价，发现城镇化水平、政府重视程度对服务质量有正向影响，经济发展水平存在负面影响，因此要提高基本公共文化服务的供给质量就要提高城镇化水平，加强顶层设计。毛雁冰、韩玉（2015）[②]利用省级面板数据，研究我国基本公共文化供给与经济发展水平、城市化发展的关系，研究结果表明，基本公共文化服务供给水平落后于经济发展和城市化发展水平，并建议政府加大对基本公共文化服务的供给，建立多元供给体系，优化供给结构，提高均等化水平。安彦林、李齐云（2017）[③]则从财政分权这一具体因素出发，论证其对公共文化服务供给的影响作用机制，并进行实证检验，结果表明，财政支出分权对于公共文化服务供给的影响最大，同一区域不同的财政分权度量指标表现出的影响程度不同，不同区域同一财政分权度量指标表现出的影响也大小不同。宋英杰、曲静雅、吕璀璀（2019）[④]考虑到文化差异导致的需求多样性，给基本公共文化服务供给增加了难度，为此基于地方方言数据构造模型，实证分析各地文化差异对公共文化服务的影响路径，研究表明，文化差异既会直接影响基本公共文化服务供给，也会通过财政分权的中介效应间接影响公共文化服务供给，并且这种影响从区域来看，南方地区更加显著。李少惠、王婷（2021）[⑤]基于地级市数据，运用双重差分法对创建国家公共文化服务体系示范区的实施效果进行考核，结果表明，示范区的建立的确能够提升

---

① 杨林，杨广勇.基本公共文化服务供给质量评价及其改进——来自山东省的实践［J］.山东社会科学，2020（02）：105-111.

② 毛雁冰，韩玉.新常态下公共文化服务供给水平的实证分析［J］.图书馆论坛，2015，35（12）：32-38.

③ 安彦林，李齐云.财政分权与地方政府公共文化服务供给［J］.广东财经大学学报，2017，32（03）：68-75.

④ 宋英杰，曲静雅，吕璀璀.文化差异与地区公共文化服务供给——基于财政分权的视角［J］.财经研究，2019，45（10）：35-45.

⑤ 李少惠，王婷.基于双重差分模型的公共文化服务体系示范区创建效果研究［J］.山东大学学报（哲学社会科学版），2021（02）：43-55.

基本公共文化服务水平，但这种效果具有短期性，只有配合长期动态机制考核，以制度督导，才能保证长效性。

（三）关于基本公共文化服务供给的非均衡性

“以经济建设为中心”的发展战略规划导向以及“文化形象工程”的逻辑驱使，造成各地区公共文化服务财政投入差距大、资源配置不均衡、文化供给需求错位等问题频出（唐亚林、朱春，2012）[①]。我国基本公共文化服务不均衡集中体现在区域间、城乡间、群体间等方面。

（1）基本公共文化服务的区域非均衡。王晓洁（2012）[②]从地区差别视角，利用1999~2009年地区间基本公共文化服务的数据，以泰尔指数法作为工具衡量了我国基本公共文化服务均等化程度，实证结果表明，中东西部地区间的文化服务分布不均衡，近年来由于政府政策倾斜，区域间的非均等化水平有所降低。王洛忠、李帆（2013）[③]通过两级指标体系，构建了基本公共文化服务发展指数，进而测算出31个省区市的具体数值，并测算了31个省区市的基尼系数，印证了区域间基本公共文化服务的不均等，东部各省区市相对于中部、西部的供给水平更高，不均等化程度也更高。傅才武、张伟锋（2018）[④]采用基尼系数法衡量基本公共文化服务的均等化程度，结果表明，均等化程度不高，已达失衡状态，并认为公共文化财政投入以及公共文化产品供给的区域差异化加剧，制约着基本公共文化服务的均等化进程。刘淑萍、辛冲冲、周全林（2019）[⑤]等运用泰尔指数法，分析了我国基本公共文化服务区域间均等

① 唐亚林，朱春.当代中国公共文化服务均等化的发展之道［J］.学术界，2012（05）：24-39，254-255，265-266.

② 王晓洁.中国基本公共文化服务地区间均等化水平实证分析——基于1999年、2009年数据比较的考察［J］.财政研究，2012（03）：26-29.

③ 王洛忠，李帆.我国基本公共文化服务：指标体系构建与地区差距测量［J］.经济社会体制比较，2013（01）：184-195.

④ 傅才武，张伟锋.基本公共文化服务均等化研究——模型构建与实证分析［J］.图书馆杂志，2018，37（08）：4-13.

⑤ 刘淑萍，辛冲冲，周全林.中国公共文化服务支出区域差异的实证考察——基于泰尔指数测算及分解分析［J］.财经论丛，2019（03）：31-41.

化水平，研究结果表明，三大地区之间的基本公共文化服务的差异程度在缩小，但区域内部各行政区划的差异较大。

（2）基本公共文化服务的城乡非均衡。公共文化服务的城乡非均等化一直困扰着城乡融合发展。吴理财（2008）[①]研究发现，我国城镇与乡村之间在文化服务方面存在显著的不均等，政府在保护和开发农村文化工作方面存在诸多问题：财政投入存在明显低度化和不均等化；农村需求没有得到应有的重视，需求与服务处于脱节状态；在文化服务过程中仍是单向的管理，输送模式居多，服务意识以及培育文化自给意识低等。何义珠、李露芳（2013）[②]基于公民参与视角研究城乡公共文化服务均等化，他们指出当前农村居民的公共文化参与途径不畅通、公共文化服务的主体意识淡薄、公共文化的参与度不高，主张在保证政府财政资金投入的基础之上，构建全民参与的服务机制、以公民需求为导向的供给机制以及科学合理的绩效评估机制，推动公共文化服务资源的城乡居民共享，实现公共文化服务的城乡均等化。吴理财（2014）[③]以问卷调查的方式对我国20个省区市80个县进行公共文化服务均等化调研，调研结果表明，公共文化服务的非均衡性主要体现在城乡之间的不均等，进而建议加强农村地区的服务建设，建立健全民意决策机制，听取人民群众的文化需求，保证人民需求与高效供给精准对接。杨林、王璐（2017）[④]基于城乡比较的视角，对城乡公共文化服务整体以及在人力、物力、财力三个方面的配置程度进行测度，整体而言，城乡公共文化服务资源配置的不均衡程度有所减轻，但仍处于不均衡发展态势，经济发展水平、财政投入、城镇化水平对城乡公共文化服务资源配置有显著影响。

---

① 吴理财.非均等化的农村文化服务及其改进对策［J］.华中师范大学学报（人文社会科学版），2008（03）：10-17.

② 何义珠，李露芳.公民参与视角下的城乡公共文化服务均等化研究［J］.图书馆杂志，2013，32（06）：17-20，43.

③ 吴理财.群众基本文化需求和区域、群体性差异研究——基于20省80县（区）的问卷调查［J］.社会科学家，2014（08）：8-12.

④ 杨林，王璐.城乡公共文化服务资源非均衡配置的影响因素及其改进［J］.宏观质量研究，2017，5（03）：119-132.

（3）基本公共文化服务的群体非均衡。侯林（2019）[①]研究表明，贫困地区的公共文化服务体系建设面临政策法规不完善、融资困难、人才匮乏三大障碍，建议要加大扶持力度，尤其是要加大财政投入，引导社会资本参与建设过程，健全相关法律法规，优化人才培养机制，保障公共文化服务管理运行有效。完颜邓邓、王子健、陈晓婷（2021）[②]通过实地观察城市低收入人群的文化生活环境，对67位低收入者进行半结构式访谈，基于扎根理论，构建出低收入人群公共文化服务获取困难的扎根理论模型，归纳总结低收入群体获取公共文化服务困难的原因，主要涉及个人认知限制、外部条件压力、服务供给差异与反馈机制失效4项，并据此提出相应政策建议。

诸多学者意识到当前我国公共文化服务面临的区域间、城乡间、群体间的不均等问题的严重性，深入找寻造成这些不均等问题的原因，积极探索解决这些不均等问题的措施和办法。财政经费投入均等化是实现公共文化服务均等化的基础（杨永、朱春雷,2008）[③]。张启春（2009）[④]，安体富、任强（2010）[⑤]，陈旭佳（2016）[⑥]等主张通过完善财政体制，明确中央政府与地方政府间的财权分配与事权责任划分，提高农村地区的财政投入规模，增加农村地区公共文化服务的投入比例，优化政府转移支付制度，实现基本公共文化服务均等化目标。陈立旭（2015）[⑦]建议借

---

① 侯林.如何保障贫困地区的公共文化服务建设不掉队［J].人民论坛，2019（16）：140-141.

② 完颜邓邓，王子健，陈晓婷.城市低收入人群获取公共文化服务的困境及应对［J].图书情报工作，2021，65（06）：72-81.

③ 杨永，朱春雷.公共文化服务均等化三维视角分析［J].理论月刊，2008（09）：150-152.

④ 张启春.区域基本公共服务均等化与政府间转移支付［J].华中师范大学学报（人文社会科学版），2009，48（01）：39-45.

⑤ 安体富，任强.政府间财政转移支付与基本公共服务均等化［J].经济研究参考，2010（47）：3-12.

⑥ 陈旭佳.效果均等标准下基本公共文化服务均等化研究［J].当代经济管理，2016，38（11）：55-63.

⑦ 陈立旭.公共文化服务的均等化与效率［J].中共浙江省委党校学报，2015,31（01）：19-25.

（2019）[①]认为，公共文化服务绩效评价结构构建原则是评价主体“公众本位”、评价指标“过程导向”、评价重心“获得导向”。张广钦、李剑（2017）[②]使用平衡计分卡理论和方法，从群众、财务、内部业务、创新与学习四个维度选取核心指标，构建绩效评价指标体系，打通不同类型与性质的公共文化服务机构间绩效评价的障碍，以有效衡量公共文化服务机构的效能和未来发展潜力。

从评价视角来看，李少惠、余君萍（2009）[③]，胡税根、李幼芸（2015）[④]以农村作为研究对象，从农村基本公共文化服务投入、服务产出和服务效果等方面评价公共文化支出效率。

从不同公共文化服务机构来看，对于图书馆、博物馆等领域公共文化服务支出研究相对充分，基于这些场馆的基本功能、外延功能等维度，构建公共图书馆、博物馆的公共文化支出评价指标体系（易红、王祝康、詹洁等,2014[⑤]；陈波、耿达,2013[⑥]）。傅才武、许启彤（2017）[⑦]以乡镇文化站为单位开展调查，结果发现基层文化站存在“未强先衰”的效率困境，出现公共投入快速增长而绩效下滑的现象，究其原因在于基层文化站的传统业务模式与现代居民的文化消费结构不协调。

从评价方法来看，国内研究涉及定性评价法（胡剑、徐茂华，

---

① 刘大伟，于树贵.新时代公共文化服务绩效评价的结构转向［J］.江西师范大学学报（哲学社会科学版），2019，52（06）：11-18.

② 张广钦，李剑.基于平衡计分卡的公共文化机构绩效评价统一指标体系研究［J］.图书馆建设，2017（09）：26-31.

③ 李少惠，余君萍.公共治理视野下中国农村公共文化服务绩效评估研究［J］.图书与情报，2009（06）：51-54，87.

④ 胡税根，李幼芸.省级文化行政部门公共文化服务绩效评估研究［J］.中共浙江省委党校学报，2015，31（01）：26-31.

⑤ 易红，王祝康，詹洁，苏红.免费开放背景下公共图书馆绩效评价指标体系的构建研究［J］.图书馆论坛，2014，34（09）：21-27.

⑥ 陈波，耿达.博物馆免费开放绩效评价指标体系研究［J］.艺术百家，2013，29（02）：23，74-82.

⑦ 傅才武，许启彤.基层文化单位的效率困境：供给侧结构问题还是管理技术问题——以5省10个文化站为中心的观察［J］.山东大学学报（哲学社会科学版），2017（01）：50-59.

2013）[①]、定量评价法，定量评价法的指标筛选采用因子分析、聚类分析、主成分分析等统计分析方法（张玉，2014[②]；魏福成、胡洪曙，2015[③]）。杨林、许敬轩（2016）[④]利用因子分析方法，研究我国地方财政公共文化服务支出绩效，实证结果表明，地方财政公共文化服务支出绩效水平呈现上升趋势，但未能充分发挥公共文化服务保障人民文化权益、满足公众基本文化需求的作用。申亮、王玉燕（2017）[⑤]运用DEA计量模型，考察了2001~2013年我国各省级政府基本公共文化服务的供给效率，研究结果表明，各省区市的公共文化服务供给平均存在23%的效率损失，政府规模、文化事业费相对规模、人口密度，对供给效率存在负向影响，财政分权程度对供给效率存在正向影响，经济发展水平对供给效率影响微弱。姚林香、欧阳建勇（2018）[⑥]也借助DEA模型，对我国农村的基本公共文化服务供给绩效进行评价，研究结果显示，我国农村地区的公共文化服务投入存在浪费现象，服务绩效有待提高，但对影响农村基本公共文化服务绩效的因素研究结果略有不同，他们认为各地区影响因素并未表现出明显差异，政府规模、人口密度对公共文化服务绩效的影响不大。

满意度也是公共文化服务绩效评价的重要指标之一。诸多学者从微观角度，试图得出居民的公共文化服务满意度，以此作为判断公共文化

① 胡剑，徐茂华.公共文化发展的评估指标体系及其构建［J］.重庆社会科学，2013（10）：15-21.

② 张玉.中国地方政府公共文化投入效率研究［J］.青岛科技大学学报（社会科学版），2014，30（01）：76-80.

③ 魏福成，胡洪曙.中国基本公共服务均等化：评价指标与实证研究［J］.中南财经政法大学学报，2015（05）：26-36.

④ 杨林，许敬轩.公共治理视域下地方财政公共文化服务支出规模绩效评价［J］.东岳论丛，2016，37（03）：68-76.

⑤ 申亮，王玉燕.我国公共文化服务政府供给效率的测度与检验［J］.上海财经大学学报，2017，19（02）：26-37，49.

⑥ 姚林香，欧阳建勇.我国农村公共文化服务财政政策绩效的实证分析——基于DEA-Tobit理论模型［J］.财政研究，2018（04）：86-97.

服务有效性的依据。寇垠、刘杰磊（2019）[①]通过发放问卷的形式对东部地区9省92村进行调查，将满意度指标细分为数量、便利性、宣传、质量四类，结果表明，东部地区农村居民的公共文化服务综合满意度水平有待结构性优化。何昀、刘希琼（2018）[②]基于CGSS2015调查数据，实证分析影响我国公共文化服务满意度的因素，研究表明，各因素对城市和农村基本公共文化服务满意度的影响及程度存在差异，其中，互联网的使用有助于提高农民满意度，而上网频率则降低了农民满意度。

（五）关于基本公共文化服务体系的构建

中国特色社会主义进入新时代的公共文化服务体系建设，是一项复杂的系统工程，在国家大力推进国家治理体系和治理能力现代化的背景下，加强服务效能监管与评价，为完善和优化公共文化服务建设提供了新思路（陈庚、邱润森，2020）[③]。在公共文化服务体系构建研究中，包括政府、企业、第三部门在内的多元化供给主体得到了学术界的普遍认可（李少惠、王苗，2010[④]；顾金孚，2009[⑤]），当代我国公共文化服务组织体系还在走向“三足鼎立”理想模式的变迁途中（刘俊生，2010）[⑥]。其中，在以非政府为主体的供给模式中，政府的作用并没有消失，只是政府发挥作用的方式和手段发生了改变，政府的职能更多地转化为协调

① 寇垠，刘杰磊.东部农村居民公共文化服务满意度及其影响因素［J］.图书馆论坛，2019，39（11）：79-86.

② 何昀，刘希琼.城乡公共文化服务满意度影响因素差异——基于CGSS2015数据的实证分析［J］.消费经济，2018，34（04）：26-33.

③ 陈庚，邱润森.新时代完善现代公共文化服务体系建设的路径研究［J］.江汉论坛，2020（07）：137-144.

④ 李少惠，王苗.农村公共文化服务供给社会化的模式构建［J］.国家行政学院学报，2010（02）：44-48.

⑤ 顾金孚.农村公共文化服务市场化的途径与模式研究［J］.学术论坛，2009，32（05）：171-175.

⑥ 刘俊生.公共文化服务组织体系及其变迁研究——从旧思维到新思维的转变［J］.中国行政管理，2010（01）：39-42.

好政府与市场主体企业、非政府组织等之间的关系（张良，2012）①。

我国农村基本公共文化服务体系创新的动力，经历着源自经济绩效下的成本收益考量、社会效益下的供需均衡追求、治理绩效下制度选择集合的演进（许丹，2021）②。农民不仅是公共文化服务的受益主体，而且是公共文化服务的参与主体、管理主体，要在保证农民主体性地位的前提下，实现与政府、市场、社会的有效衔接、相互配合（王建国、朱天义、李传兵，2012③；李兵园、唐鸣，2016④）。要保障农村基本公共文化服务体系建设的顺利进行，从根本上要建立完善公共文化服务体系的长效机制，除了要加大对公共文化服务的财政投入、创新农村基本公共文化服务主体和服务方式外，还要加强公共文化服务的人才队伍建设（张云峰、郭翔宇，2010）⑤。

二、关于城乡融合的研究

城乡发展关系国计民生，城乡融合是人类对城乡关系发展的追求目标。伴随着城乡差距的扩大，城乡矛盾所折射的工农业矛盾凸显，并逐渐引起学者关注。舒尔茨（2010）⑥指出，通过引进先进技术推动农业生产发展，坚持农业的经济基础地位。刘易斯（1954）⑦提出的二元经济结构理论，揭示了发展中国家两种经济体系的并存状况，即乡村传统农业与城市现代工业，并认为农业剩余劳动力的非农化转移，能促使二元经

① 张良.文化参与机制：公共文化服务建设的制度供给——以宁波市鄞州区为分析对象［J］.学习与实践，2012（07）：122-127.

② 许丹.中国农村公共文化服务制度创新动力分析——基于理性选择制度主义的考察［J］.行政论坛，2021，28（02）：90-98.

③ 王建国，朱天义，李传兵.农民主体意识与农村公共文化服务体系的构建［J］.重庆社会科学，2012（09）：118-123.

④ 李兵园，唐鸣.村民参与公共文化服务供给：角色、空间与路径［J］.社会科学家，2016（05）：39-43.

⑤ 张云峰，郭翔宇.建设农村公共文化服务体系的长效机制［J］.学术交流，2010（03）：185-188.

⑥ ［美］西奥多·W.舒尔茨.改造传统农业［M］.梁小民译.北京：商务印书馆，2010.

⑦ Lewis W. A.. Economic development with unlimited supplies of labour［J］.The Manchester School of Economic and Social Studies，1954，22（2）：139-191.

济结构逐步消减。赫希曼（1959）[①]提出的“极化—涓滴效应”理论，阐释了城市对乡村产生极化效应的同时，通过城市的投资会产生促进农村发展的涓滴效应。这些主张本质上都属于城乡发展的非均衡理论[②]。

恩格斯最早正式提出城乡融合概念（Urban-rural integration），即消除城乡差别、实现城乡一体化[③]。此后，Howard（1902）[④]的“田园城市理论”，倡导“用城乡一体的新社会结构形态取代城乡对立的旧社会结构形态”；Wright（1935）的“区域统一体”，主张把集中的城市重新分布在一个地区性农业的方格网中；Mumford（1961）[⑤]的“城与乡，应当有机结合在一起”，主张通过权利的分散，建造更多的新城市中心，进而形成更大的一个区域统一体。这些都是基于第二次世界大战后“逆城市化”现象形成的代表性理论，强调城镇与乡村应当实现有机结合，其实质就是城乡融合。

此后，Friedmann和Douglass（1975）[⑥]提出了乡村城市发展战略，主张在地方层面上与城市发展关联，进而让乡村更好地发展。Lipton（1977）[⑦]提出“城市偏向理论”、Rondinelli（1983）等[⑧]提出“次级城市发展战略”、岸根卓郎（1985）[⑨]提出“城乡融合系统”、

① Hirschman A.O..The Strategy of Economic Development［M］.Yale University Press，1959，50（4）：1331-1424.

② 潘晓诚.论城乡关系：从分离到融合的历史与现实［M］.北京：人民日报出版社，2019：30-31.

③ 岑乾明.马克思恩格斯的城乡观及其当代价值研究［M］.北京：中国社会科学出版社，2013.

④ Howard E.. Garden Cities of Tomorrow 2nd［M］，London：S. Sonnenschein & Co，1902，2-7.

⑤ Mumford L..The City in History，Its Origins，Its Transformations，and Its Prospects［M］. New York：Harcourt，Brace and World，1961.

⑥ Friedmann J.，Douglass M.. Agropolitan development：Towards a new strategy for regional planning in Asia［M］. Los Angeles：University of California，1975.

⑦ Lipton M..Why poor people stay poor：Urban bias in world development［M］. Cambridge：Harvard University Press，1977.

⑧ Rondinelli，Dennis A.. Secondary cities in developing countries policies for diffusing urbanization［M］.Sage Publications，Beverly Hills，1983：29-31.

⑨ 岸根卓郎.迈向21世纪的国土规划：城乡融合系统设计［M］.高文琛译.北京：科学出版社，1985.

Unwin（1989）[①]构建“城乡间相互作用、联系、流”的分析框架、Megee（1991）[②]提出“Desakota模型”这一特殊的城乡地域类型、Douglass（1998）[③]提出“区域网络发展战略”，强调要改善城乡基础设施网络，推动城乡融合研究走向深入。近年来，西方对于城乡融合的研究如下：一是继续强化城乡相互作用关系研究（Satterthwaite and Tacoli，2003[④]；Lynch，2005[⑤]）；二是强调城乡空间的社会文化转向，注重城市生活方式对农村地区的扩散和影响（Pretty，1998[⑥]）；三是城乡规划一体化研究的兴起（Labrianidis L，Sykas T.（2009）[⑦]；Cullingworth B. Nadin V，Hart T. et al.（2001）[⑧]；Li，2012[⑨]）。

国内关于城乡融合研究起步相对较晚。现代城市在我国兴起较晚，所以对于城乡关系的理论关注更多的是20世纪以后出现的，以费孝通、梁漱溟等为代表，研究主题围绕城乡发展不平衡中的乡土中国与乡村建

---

① Unwin T.. Urban-rural interaction in developing countries：A theoretical perspective［A］.In：R.B. Potter，T.Unwin，eds.The Geography of urban-rural interaction in developing countries：Essays for Alan B. Mountjoy［C］.London：Routledge，1989.

② Mcgee T. G.. The Emergence of Desakota Regions in Asia：Expanding a Hypothesis［M］.Honolulu：University of Hawaii Press，1991：25-126.

③ Douglass M.. A Regional Network Strategy for Reciprocal Rural-Urban Linkages：An Agenda for Policy Research with Reference to Indonesia［J］. Third World Planning Review，1998，20（1）：1-33.

④ Satterthwaite D.，Tacoli C..The urban part of rural development：The role of small and intermediate urban centres in rural and regional development and poverty reduction［R］.IIED Working Paper，2003（9）.

⑤ Lynch K..Rural-urban interaction in the developing world［M］.London：Routledge Press，2005.

⑥ Pretty J. N.. The living land：agriculture，food and community regeneration in rural Europe［J］. Living Land Agriculture Food & Community Regeneration in Rural Europe，1998，14（1）：106-108.

⑦ Labrianidis L，Sykas T. Geographical Proximity and Immigrant Labour in Agriculture：Albanian Immigrants in the Greek Countryside［J］. Sociologia Ruralis，2009，49（4）：394-414.

⑧ Cullingworth B，Nadin V，Hart T，et al. Town and Country Planning in the UK［M］. Routledge, 2001.

⑨ Li Y.Urban-rural interaction patterns and dynamic land use：Implications for urban-rural integration in China［J］.Regional Environmental Change，2012，12（4）：803-812.

设。新中国成立后，尤其是改革开放以来，国家陆续出台解决城乡关系的相关政策，城乡关系的理论研究逐渐增多。尤其是党的十九大之后，伴随乡村振兴战略的提出，城乡融合发展成为研究热点。

关于城乡融合发展，国内不同学科的研究视角有所差异。社会学学科，强调城乡间生产要素合理流动，消除差别；经济学学科，强调生产力合理布局，获取最佳效益；地理学、环境学和生态学学科等，强调城乡空间规划、生态互促以及统一布局。学界普遍认为从“统筹城乡”到“城乡一体化”，再到“城乡融合”，是我国城乡关系发展战略的阶段性重大调整，也是城乡关系发展理论的突破。

景普秋、张复明（2003）[①]，李智、张小林、陈媛等（2017）[②]认为城乡融合是城乡户籍的统一管理、城乡基本公共服务的均等化、逐步取消歧视农业人口的政策和法律，这是应对人口红利减少、老龄化等严峻形势的必然选择（蔡昉，2014）[③]。加快推动乡村振兴发展，需要破除城乡融合发展的体制机制性障碍（刘彦随，2018）[④]。以国家、省份、县市等不同层面作为研究对象，均表明我国城乡融合程度尚待提高（苏春红、刘小勇，2009[⑤]；焦必方、林娣、彭婧妮，2011[⑥]；张立华、陈洁、刘雪芹，2012[⑦]；王元凤、钱龙，2015[⑧]）。城乡融合的实现，重点在于消除城乡二

① 景普秋，张复明.城乡一体化研究的进展与动态［J］.城市规划，2003（06）：30-35.

② 李智，张小林，陈媛，李红波.基于城乡相互作用的中国乡村复兴研究［J］.经济地理，2017，37（06）：144-150.

③ 蔡昉.对中国城镇化研究中若干统计数据的辨析［J］.城市与环境研究，2014，1（02）：3-12.

④ 刘彦随.中国新时代城乡融合与乡村振兴［J］.地理学报，2018（4）：637-650.

⑤ 苏春红，刘小勇.老龄化的储蓄效应分析［J］.山东大学学报（哲学社会科学版），2009（03）：26-31.

⑥ 焦必方，林娣，彭婧妮.城乡一体化评价体系的全新构建及其应用——长三角地区城乡一体化评价［J］.复旦学报（社会科学版），2011（04）：75-83.

⑦ 张立华，陈洁，刘雪芹.基于元分析的城乡一体化评价：2004-2011［J］.统计与决策，2012（17）：129-132.

⑧ 王元凤，钱龙.发达地区城乡一体化水平测度与空间分布研究［J］.商业经济研究，2015（11）：34-36.

元体制（厉以宁，2010[①]；张明斗，2017[②]）、推进新型城镇化与新农村建设（陈锡文，2017[③]）、注重实施城乡统筹发展的基础教育就业和社会保障制度（程名望、史清华、潘烜，2012[④]；黄耀冬，2017[⑤]；张守凤、李淑萍，2017[⑥]）、改革公共财政体制和优化不同层级政府间的权责关系（朱巧玲、龙靓、甘丹丽，2015）[⑦]。

城乡公共文化服务融合的具体表现是基本公共文化服务均等化，而实现均等化的重要实践平台是社区文化建设。建立以城带乡、城乡互动的一体化社区文化管理体系，引导农民参与文化活动，创新农村文化市场管理和运行机制，加强农村地区的文化环境建设，进而实现城乡之间的公共文化均衡发展，实现公共文化服务的城乡均等化（闫平，2014）[⑧]。滕翠华、许可（2016）[⑨]认为国家偏向城市的发展战略、城乡异体的文化供给制度和单一的"自上而下"供给模式、城乡文化价值观的差距是导致我国城乡文化发展面临财政投入比例失衡、供需结构失衡、文化消费水平差距大等问题的重要原因，因此，要实现城乡文化融合健康发展，从根本上解决这些问题，首先，废除城乡二元户籍制度，降低城市户口门槛，打破城乡户籍制度壁垒；其次，促进城乡公共财政供

---

① 厉以宁.论城乡一体化［J］.中国流通经济，2010，24（11）：7-10.

② 张明斗.城乡一体化发展的体制创新策略研究［J］.宏观经济研究，2017（02）：123-129，141.

③ 陈锡文.以新型城镇化与新农村建设双轮推进城乡一体化［J］.求索，2017（11）：4-10.

④ 程名望，史清华，潘烜.劳动保护、工作福利、社会保障与农民工城镇就业［J］.统计研究，2012，29（10）：73-78.

⑤ 黄耀冬.城镇化进程中的社会保障制度改革问题研究［J］.社会保障研究，2017（02）：90-94.

⑥ 张守凤，李淑萍.统筹城乡发展的内涵及路径研究［J］.山东社会科学，2017（03）：109-114.

⑦ 朱巧玲，龙靓，甘丹丽.基于人的发展视角的新型城市化探讨［J］.宏观经济研究，2015（04）：38-47.

⑧ 闫平.城乡文化一体化发展的内涵、重点及对策［J］.山东社会科学，2014（11）：141-146.

⑨ 滕翠华，许可.供给侧改革视域下城乡文化一体化发展问题研究［J］.天津行政学院学报，2016，18（06）：37-42.

给制度一体化，健全公共文化服务投入稳定增长机制与投入转移支付机制；最后，加快公共文化服务建设的法制化进程，制定与完善相关法律保障制度，促进公共文化服务的城乡融合发展。

在公共文化服务的城乡融合发展进程中，农村地区的公共文化服务需求，表现出以城镇公共服务为参照的发展趋势。徐莉（2011）[①]指出，农村地区公共文化服务建设管理制度混乱、管理模式陈旧，农村居民整体科学文化素质偏低，人才短缺等问题一直存在，农民文化权益没有得到合理保障，在城乡一体化进程中，应当从思想上提高对农民文化权益保障的认识，充分发挥政府、文化部门及社会力量的作用，在资金、设施、人才等方面提供全方位保障。陈波、耿达（2014）[②]认为，城镇化导致基层农村文化呈现“空心化”“格式化”特征，传统的基层社会关系结构逐步瓦解，对于传统乡村文化，农村居民的认同感在降低，进而导致农村地区公共文化发展的内生动力相对欠缺，促进农村地区公共文化发展的长效动力机制亟待设计。农村地区公共文化发展规划的制定、文化市场的建设，有助于整合既有文化资源，挖掘农村优秀传统文化，汇集社会各方力量，保证农村公共文化建设顺利推进。张博（2014）[③]认为，城镇化推进有利于公共文化服务建设的现代化、一体化、均等化，给我国公共文化服务建设带来新的发展机遇，但是资金投入、政府管理、乡土文化等方面面临的压力增大，给公共文化服务建设又提出新的挑战。张学昌（2020）[④]认为，在推动城乡融合发展背景下振兴乡村文化，公共文化服务的城乡融合发展是重要着力点，推动公共文化服务的城乡一体化建设进程，合理扩大决策主体范围，城乡协作完成决策过程，优化公共文化服务协作决策机制，将公共文化资源优先向乡村配

---

① 徐莉.城乡一体化中农民文化权益保障问题探析［J］.农村经济，2011（06）：49-53.

② 陈波，耿达.城镇化加速期我国农村文化建设：空心化、格式化与动力机制——来自27省（市、区）147个行政村的调查［J］.中国软科学，2014（07）：77-91.

③ 张博.城镇化进程中公共文化服务建设面临的机遇与挑战［J］.人民论坛，2014（26）：168-170.

④ 张学昌.城乡融合视域下的乡村文化振兴［J］.西北农林科技大学学报（社会科学版），2020，20（04）：56-64.

置，推动乡村公共文化服务又快又好发展，实现基本公共文化服务的城乡均等化，提升乡村文化质量。

三、文献述评

国内外学者对城乡融合的研究，有利于正确把握城乡关系现状，有利于深入认识农村公共文化服务供给的宏观背景与时代要求，提高公共文化服务供给优化对策的针对性。由于我国城乡经济社会二元体制并未从根本上发生改变，因此，促进乡村振兴，实现城乡融合发展，需要从西方城乡融合研究中汲取相关理论，在实践中探索落实，进而探寻可行的优化对策。

公共文化服务受一国政治体制、经济体制、文化体制等因素影响，中外公共文化服务在发展历程、政府供给方式、理论研究方向等方面都存在较大差异。“公共文化服务体系”是具有中国特色的专业术语，国外较多使用“公共文化”“文化政策”“文化权利”等词汇。西方发达国家基本实现了公共文化服务的均等化，相应理论研究意义不大，也没有“公共文化服务均等化”的提法，相关研究更加侧重于公共文化服务有效供给的影响因素分析、供给效率评价与提高，对我国的现实启示在于，农村公共文化服务供给应逐步形成多元供给模式，要更加注重供给绩效提升。西方关于公共文化服务的供给模式的研究，对我国也具有启示意义，我国应结合具体国情，合理区分政府与文化领域之间的关系，制定出农村公共文化服务的供给政策。现有国内文献对公共文化服务的内涵、意义、供给模式、供给效果等内容进行了卓有成效的研究，并在以下方面基本达成一致：一是在整个公共服务研究体系和政策体系中，地域范畴中的农村和服务范畴中的公共文化是短板，农村公共文化服务供给具有重要的政策意义和理论价值；二是以政府为主体的公共文化服务供给机制初步形成，供给均等化、供给绩效评价等领域形成了一些特定研究方法；三是农村公共文化服务供给优化，不仅取决于供给端的改革，也取决于需求端的评价，从长远来看，有赖于供需匹配及动态调整。

与实践相结合的原则，基于城乡融合视角，对农村基本公共文化服务供给机制优化进行综合性的、多学科的研究。力求深刻领会乡村振兴及其实施意见的重要战略思想，充分吸收国内外最新研究成果，在此基础上，拓展公共服务供给机制的研究视野，提升农村公共服务供给机制的研究深度，推进农村基本公共文化服务供给机制完善的理论研究。具体思路如图0-1所示。

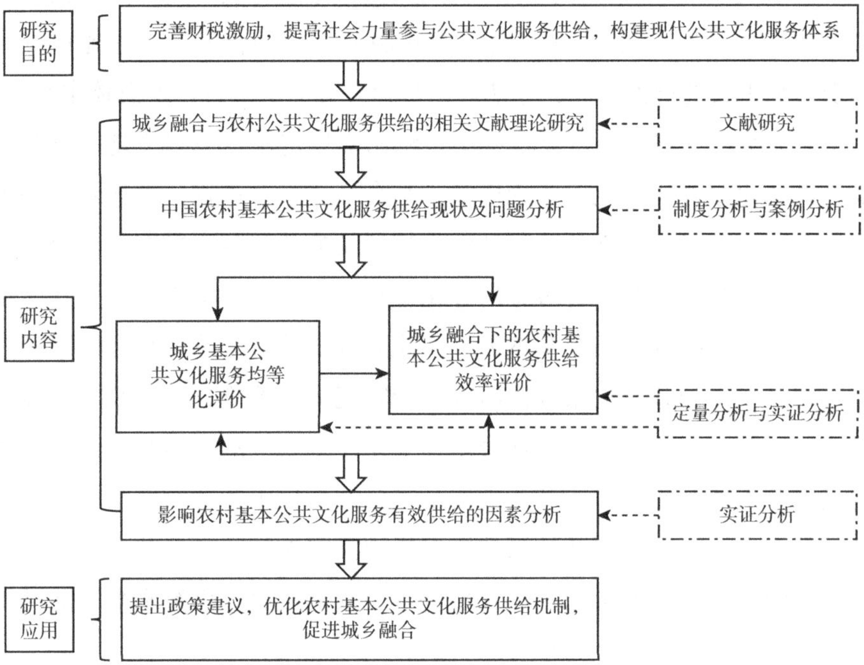

图0-1　本书的研究路线

二、研究内容

第一章，城乡融合进程中农村基本公共文化服务的相关理论基础。首先，界定城乡融合、基本公共文化服务等核心概念，明确本书的研究对象；其次，基于供给侧结构性改革理论、新公共管理理论、新公共服务理论、公共财政理论等，分析政府供给农村基本公共文化服务的理论依据及内在动力。

第二章，城乡融合进程中农村基本公共文化服务的供给演进与评价。

自新中国成立以来，伴随着城乡关系的发展演变，农村基本公共文化服务供给呈现不同阶段特征，最终形成现有的供给模式与供给机制。通过政策梳理，利用宏观统计数据，从时间和空间两个维度对农村基本公共文化服务供给进行描述性分析，并总结农村基本公共文化服务供给面临的问题。

第三章，农村基本公共文化服务供需现状案例分析。设计调查问卷，选取安徽省合肥市肥东县、湖北省荆州市荆州区等县（区）进行调研。基于需求视角，对于农民所接受的公共文化服务内容、频次进行客观性描述；通过李克特量表进行满意度评价；基于供给视角，分析农村基本公共文化服务供需匹配存在的问题及原因。

第四章，城乡融合下的基本公共文化服务均等化评价。运用统计分析与泰尔指数实证分析方法，选取2012~2020年面板数据，以我国31个省区市基本公共文化服务供给为研究对象，测度城乡之间、区域之间的供给非均等化程度。从总体泰尔指数值来看，基本公共文化服务投入与人口分布、地区生产总值的匹配程度，有所提升但是增速有待提高。从总体泰尔指数分解结果来看，考察期内区域间泰尔指数值，基本呈下降趋势且波动较小，而区域内泰尔指数值是上下波动的且变化趋势不明显。

第五章，城乡融合下的基本公共文化服务供给效率评价。采用三阶段DEA和Malmquist指数方法，选取2012~2020年省级面板数据，基于静态和动态两个角度评估我国31个省区市的基本公共文化服务供给效率。研究结果表明，近年来我国各省区市的基本公共文化服务供给效率呈现上升趋势，东、中、西部地区之间供给效率存在差异但逐年减小。

第六章，农村基本公共文化服务有效供给影响因素分析。规范分析制度因素、经济因素、社会因素等对于农村基本公共文化服务供给的作用机理。选取财政分权度、经济发展水平、政府偏好、农村公共文化需求主体教育程度等作为替代变量，构建省级面板数据模型，实证分析各因素的影响程度。研究结果表明，经济发展水平、政府重视程度、老龄化以及居民受教育程度具有显著正向影响，而财政分权度有显著负向影响效果。

第七章，城乡融合视域下农村基本公共文化服务供给机制优化策略。针对我国农村基本公共文化服务供给现有问题，基于城乡融合视角，坚持需求导向、兼顾效率与公平、适应经济发展阶段等原则，搭建供给机制优化的总体框架，优化农村基本公共文化服务供给主体、供给方式、供给运行模式以及供给运行机制，保障农村居民公共文化需求的满足与供给效率的提升。

三、研究方法

农村基本公共文化服务供给研究，涉及经济学、管理学、政治学和社会学等多学科领域，基于城乡融合视角，分析农村基本公共文化服务供给，促进乡村振兴需要采用多种研究方法，将定性与定量、实证与规范等有机结合起来。

（一）定量分析与定性分析相结合

本书梳理了新中国成立以来，伴随着城乡关系的推演，农村基本公共文化服务建设的演进历程，对于城乡关系演进过程中的农村基本公共文化建设的政策支持、建设成效等，主要采用定性分析方法，并通过逻辑分析和推演，把握农村基本公共文化服务的属性与特征；对于历年政府公共文化服务支出、农民人均纯收入、农民参与公共文化活动频次等，采用SPSS等统计软件进行定量分析，以更有效、更直观的方式反映我国农村基本公共文化服务政策的发展变化。

（二）实证分析与规范分析相结合

本书对当前农村基本公共文化服务供给状况、供给效率、供给均等化等进行实证分析，分析农村基本公共文化服务供给过程、供给结果及发展趋向。在分析整理调查问卷数据的基础上，应用公共物品理论、公共管理理论和农村发展理论的基本框架，采用规范分析方式，提出构建多元并存竞争的农村基本公共文化服务供给机制。

（三）社会调查法

为摸清农村基本公共文化服务供给需求存在的结构性问题，本书设计了调查问卷。受新冠疫情影响，调查以线上方式为主，以安徽省合肥市肥东县、湖北省荆州市荆州区等县区部分乡镇的实地调查为辅，线上线下共发放调查问卷样本800份，收回728份，剔除不合格问卷，收回有效问卷660份。在实地调查中，采取了小组访谈、主要知情人访谈的方式，重点了解农村综合文化服务中心的使用情况，以及各类文化惠民项目的落实效果，并收集制约农村基本公共文化服务供给的素材。

第 四 节
创新与不足

一、可能的创新点

（1）研究视角的创新。现有关于农村公共服务的研究绝大多数关注教育、医疗、社会保障以及环保等领域，鲜有关于农村基本公共文化服务供给的系统研究。本书以农村基本公共文化服务供给机制为研究对象，以期实现有效供给以及城乡均等化目标，促进城乡融合。

（2）学术观点的创新。现有研究基于农村视角分析农村问题，忽略了城乡有别的经济、社会二元体制的根本制约，而城乡关系与城乡融合是解决一切农村问题的出发点与落脚点。从宏观层面来看，加快城乡公共文化服务融合发展，是实现乡村振兴的必然要求；从微观层面来看，加快城乡公共文化服务融合发展，是保障公民文化权益的重要手段。

二、不足之处

为获取反映农村基本公共文化服务供给的第一手资料，本书设计调查问卷，但受疫情影响，主要采用网络在线投放与回收方式，调查结果的准确性可能会有所折扣。此外，由于公共文化服务存在文化积淀成本与无形价值的特殊性，难以采用有效指标进行度量，在一定程度上会影响对公共文化服务供给效果的客观评价。这些也是后续研究需要进一步深入完善和持续拓展的方向。

第一章 城乡融合进程中农村基本公共文化服务的相关理论基础

本章对城乡融合、农村基本公共文化服务等核心术语进行界定，进一步明确本书的研究主题及其内涵外延。基于供给侧结构性改革理论、新公共管理理论、新公共服务理论以及公共财政理论，阐述政府供给公共文化服务的必要性与必然性，为后续研究奠定理论基础。

第一节 城乡融合

我国的历史演进与农业农村的发展息息相关。新中国成立后，农业基础性地位受到挑战，对农业机械化认知存在分歧，又面临工业现代化的强有力竞争，农业合作社逐渐萌生。改革开放以后，农村发生了巨大变化，虽然实施家庭联产承包责任制，乡镇企业不断涌现，但城乡二元结构本质未有改变，城市与乡村之间的距离被拉大了。进入21世纪，国家深入了解到农村、农业、农民“三农”问题，涉及面广、粘连性强，不可剥离我国的工业化、城镇化去单独探讨“三农”。在此时代背景下，乡村振兴战略应运而生，其内核就是农业农村优先发展与城乡融合发展，这些发展理念为农村基本公共文化服务的建设和完善指明了路径，为“三农”问题的最终解决提供了对策。

一、城乡融合的界定

1847年，恩格斯的《共产主义原理》，首次提及了“城乡融合”，并指出“通过消除旧的分工……以及城乡的融合，使社会全体成员的才能得到全面的发展”。19世纪末，英国社会活动家霍华德提出田园城市理论，设想用新的城乡一体的社会结构，颠覆旧的城乡分离的社会结构。20世纪60年代，美国著名城市学家刘易斯·芒福德提出了“城与乡，应当有机结合在一起”的重要观点。诸多著名学者都认为城乡关系发展演进的最终状态是城乡融合。在理想状态下，城市与农村可以借助城乡之间特殊的链接网格，打破以前各自独立的壁垒，从而整合成一个有机体。这个整体，集城市与农村的优点于一身，既保留了原有先进的促进发展的职能，也保留了中华民族传统特色文化，使城市与农村的关系更紧密，各自发挥所长包容发展。具体来看，城乡融合的内涵包括：第一，要素融合。劳动力要素适配土地要素，资源适配公共服务，城乡要素双向且自由地流动。第二，区域融合。不对城市与农村进行界限划分，城乡履行各自的职责，互相带动发展。第三，发展融合。城乡居民的需求都能得到满足，发展水平也都接近，享受的公共服务和产品都相当，居民的精神追求也差不多。

二、城乡融合的时代演进

城乡关系变化在历史演进的过程中有着相似的规律，在世界范围内的发展过程，大多经历“乡村孕育城市——城乡分离——城乡对峙——城乡融合”的历程。在不同的时代背景、不同的社会经济发展水平等境况下，城乡关系具有不同的特质和表现形式。传统社会时期，以自然经济为主，城市与乡村没有明显的区别，生活水平都差不多且较为低下，人们开始探寻通向美好的道路。随着经济社会道路的逐步开拓，传统的生活方式被逐渐替代，城市的职能发生了转变，在某种政治意义上领导着乡村。商业色彩浓重的城市又在经济方面压榨乡村，城乡达到一种分离、对立的状态。随着现代化进程的不断推进，城乡关系又进入新的发展阶段，城乡之间呈现互相影响、不可分割的状态，促使改革目标也朝着城乡融合的方向发展前进，且城乡融合最终促进了城乡共同体的实现。

自新中国成立以来，农村发生了翻天覆地的变化，城乡关系也在不断更新演进。新中国成立之初，以苏联为借鉴，结合现实国情，我国对城乡发展展开了探索。为实现“先进工业国”的发展目标，我国建立了计划经济体制，实施了“重工业优先发展”的赶超战略，做出了统购统销政策、户籍管理制度、人民公社制度等一系列制度安排，城镇与乡村逐步形成两种经济社会运行体制，且在运行过程中不断得到强化与固化。这些是在党的领导下，我国全体人民对于中国特色城乡融合发展道路的实践探索，需要辩证分析与把握：一方面，城乡二元体制使城乡间生产要素流动受到限制，束缚了农村生产力的发展；①另一方面，若没有重工业优先发展战略，未能优先发展重工业，则难以形成改革开放后的产业格局与工业支撑，从而难以真正建立独立完整的工业体系与国民经济体系。

改革开放初期，我国启动乡村改革，农村经历了一系列的制度变迁，力图破解城乡二元体制障碍。一是实施家庭联产承包责任制。农户家庭获得经营自主权，农民成为农村土地的生产经营主体，农村基层政权逐渐过渡到乡镇政府，否定了人民公社制度，理顺了农村居民与国家之间的分配关系。二是松动乃至取消统购统销政策。放开了多数农产品的经营，改革工农产品定价机制，促进了城乡间商品流通渠道的畅通。三是松动了户籍管理制度。加速了农村剩余劳动力向非农产业或城镇转移的步伐。

通过一系列的乡村改革举措与乡镇企业的崛起，城镇与乡村之间交流不断增加，城乡之间关系得到了有效改善。但进入20世纪80年代中后期，我国改革的重点重心发生了变化，由农村转移到城市。1992年，

---

① 邢祖礼，陈杨林，邓朝春.新中国70年城乡关系演变及其启示［J］.改革，2019（6）：20-31.

提出建设社会主义市场经济体制的目标模式，为经济社会持续健康发展指明了方向，与此同时，城乡之间的互动发展关系也受到市场力量的较大冲击。为配合政府的系列城市偏向政策，各种类别的资源又加速集聚向城市流动，进一步加快了我国工业化与城镇化的步伐。

进入21世纪，结合现实国情，我国政府做出“工业化发展进入中期阶段”的判断。同时，基于一些工业化国家发展历程的经验借鉴，我国对城乡融合发展道路进行了创新性探索。党的十六大报告首次正式提出“统筹城乡经济社会发展”的论断，力图通过重新调整工农业发展和城镇乡村发展战略，实现“工业反哺农业、城市支持农村”。2005年，我国提出要坚持“多予、少取、放活”的总方针，通过加大对农业农村的投入、完善和强化各项支农举措，改变从农村索取的旧有局面，活跃农村经济发展，农村生产力水平得到大幅提升。同年，党的十六届五中全会通过《中共中央关于制定国民经济和社会发展第十一个五年规划的建议》，提出扎实推进社会主义新农村建设。自此，“建设社会主义新农村”，作为一项历史任务被正式提出并实施，这为统筹城乡发展提供了重要契机，也为突破城乡二元结构创造了条件。2007年，党的十七大做出“城乡发展一体化”的重要战略决策，旨在形成城乡经济社会发展一体化的新格局，促使农村居民与城镇居民一样共享国家改革与发展的成果。

三、城乡融合的现实内容

用政策和制度支持城乡关系积极健康的发展，坚持走中国特色城镇化、农业现代化道路进而达到城乡互惠互利、统筹协调的状态。中共中央高度重视人民的权益，特别是农村居民的基本权利，以“老有所养，病有所医”为基本出发点，建立健全社会保障制度，解决人民“看病难”“看病贵”“养老难”等问题；以提高公共服务效率和质量为根本目标，加大对公共服务领域的投入，重点是教育文化等具有长远影响的软性公共产品，给予农村转移劳动力更多的就业机会，进一步改革城乡有别的二元户籍制度，促进城乡公共服务均等化，最终实现城乡融合。进入21世纪，中共中央将农村的现代化改革上升至新的高度，连续多年提出促进农村与城市融合发展的新理念，关注农业农村农民，坚持农业农村优先发展。

2017年，基于改革开放以来特别是党的十八大以来取得的历史性成就，以及社会主要矛盾发生的转变，党的十九大报告做出“中国特色社会主义进入了新时代”的重大论断。进入中国特色社会主义新时代，社会主要矛盾已经转化为“人民日益增长的美好生活需要和不平衡不充分的发展之间的矛盾”。基于我国社会主要矛盾发生了转化，党和政府对统筹城乡发展进行了深刻总结，不仅提出实施破解“三农”问题的乡村振兴战略，而且强调城乡融合发展体制机制的建立健全，这也是实施乡村振兴战略的制度保障。依据党的十九大报告对城乡融合的定位与要求，需要创新生产要素市场资源的配置，推动城乡要素自由流动；需要扩展城乡融资渠道，促进资本要素的流动；需要完善农业支持保护制度，保护农村集体权益；需要健全人才引进机制，不仅将人才引进而且要留住。此外，党的十九大报告还首次提出了“要坚持农业农村优先发展”，把乡村作为与城市具有同等地位的有机整体，农业农村发展被赋予了前所未有的战略地位与高度，着眼于从根本上改变农业农村在城乡关系中的从属地位，实现城乡经济社会文化共存共荣。城乡关系进入新发展阶段，标志着新时代推进城乡全面融合发展的新起点。

第二节
农村基本公共文化服务

一、农村基本公共文化服务的界定

公共文化服务，是为满足公众文化需求而提供的文化有关内容产品与服务的总称。周晓丽、毛寿龙（2008）提出，公共文化服务是以实现社会效益为目标，从而为社会公众供给公共文化产品的资源配置活动。公共文化服务是政府公共服务的重要组成部分，也充分体现了政府的服务型职能。从公共文化服务的基本属性与基本功能来看，公共文化服务具有公平性、便捷性、多样性、公益性、基本性等特征，其中，公平性是公共文化服务的根本属性，意味着文化权利的全民共享；基本性意味着公共文化服务的目标是满足公众的基本需求，而比较复杂、相对独特的文化产品可以以市场方式来提供，基本公共文化服务是政府部门的重点保障对象。

当前学界较为一致的观点认为，公共文化服务的供给主体是公共部门或准公共部门，公共文化服务的供给目的是满足公众基本公共文化需求，公共文化服务的供给目标在于提高公众的文化素质和文化水平，公共文化服务的供给内容是精神文化产品和服务行为。在这种界定中，公共文化服务的提供主体过于狭隘，被限定在公共部门或准公共部门。但在一定的政策条件下，公共文化服务的提供主体可以是企业和社会组织，按照契约和志愿形式提供服务。在这种界定中，公共文化服务供给的内涵特质是基本文化和文化氛围与要求，实际是将文化限定在价值形态内，属于较狭义的文化，广义的还包括非价值形态的科技知识等文化。鉴于以上分析，由于公共文化服务的基本性特征，通常又是由以政府为主体的公共部门供给，以满足公众基本文化需求，维护文化权利的全民共享，因此，这类公共文化服务，更精准的称谓是基本公共文化服务。

基本公共文化服务，正式纳入我国基本公共服务体系之中相对较晚，但仍然是国家基本公共服务体系中不可或缺的一部分。“公共文化服务”，于2005年党的十六届五中全会首次被正式提出，此后发展势头迅猛。2007年，党中央、国务院开始全面部署公共文化服务体系建设。2013年，党的十八届三中全会提出建立“现代公共文化服务体系”的目标任务。2015年，国家制定颁布了《国家基本公共文化服务指导标准（2015~2020年）》，根据该指导标准的具体规定，基本公共文化服务包括读书看报、收听广播、观看电视、观赏电影、送地方戏、公共文化设施免费开放及文体活动等。

考虑到消费具有排他性和竞争性，本书对基本公共文化服务的界定，大体概括为：为保障全体公众基本文化权利的实现与公平享受，提高全体公众的文化素养和精神文化水平，以促进社会和谐稳定，由以政府为主体供给的具有一定非竞争性和非排他性的公共文化设施、文化产品和服务的总称。相应的农村基本公共文化服务，顾名思义，是为满足农民基本文化需求和保障农民基本文化权益，由政府作为供给主体，在农村地区提供的具有公益性、便利性的基本公共文化产品和服务。农村基本公共文化服务，是基本公共文化服务的分支之一，属于国家基本公共服务体系建设的重要内容。

二、农村基本公共文化服务的功能

基本公共文化服务产生的效用，可分为基础效用和升级效用。最基础效用是提供基本精神文化产品和服务，满足公众的精神文化需求，保障公众的基本文化权利；升级效用是基本公共文化服务属于国家文化战略的重要组成部分，其政治属性很强烈。

基本公共文化服务，作为一项公益性服务，体现了显著的正外部效应。首先，基本公共文化服务有助于构建民众的政治意识形态。基本公共文化服务通过主流意识形态的传播与影响，在特定政治体系中，塑造该政治体系所需要的公民政治文化，进而维护主权国家的文化安全以及社会政治的稳定。其次，基本公共文化服务对经济社会发展会产生积极影响。基本公共文化服务的供给可以有效提高全体民众的文化修养，塑造文化消费模式与习惯，为经济社会发展提供新的增长点。伴随着后工业时代的到来，经济价值的实现与文化价值创造的关系越来越紧密。最后，基本公共文化服务有助于推动区域发展与合作。基本公共文化服务的有效供给，对于区域创造能力的提高具有积极作用，同时基本公共文化服务的规模、质量和水平，也有助于增加区域吸引力。

以公共产品、公共服务为根本出发点，同时考虑我国公共文化服务的意识形态属性，并结合农村基本公共文化服务较强的正外部性，我国农村基本公共文化服务的功能主要体现在：一是可以满足农民群众的基本文化需求；二是保护和发展农村本土文化；三是促进城乡文化大发展、城乡大融合的实现。

农村基本公共文化服务体系，在基本公共文化服务体系中占据特别地位，它涵盖了文化内容体系、文化设施和文体活动体系、组织机构体系和制度保障体系四个部分，其特别之处在于地域独特性、需求主体的阶层独特性。基本公共文化服务体系包含不同的内容物，既承载了隐性无形的文化思想，又涵盖了具有文化传播功能的显性有形的文化设施设备，以及文化组织机构和文体制度。其中，文化内容体系属于思想意识的范畴，是公共文化服务体系的核心，在形态上包括文化信息、科学知识、道德理想与政策信息等表现形式。农村地区的文化内容体系需要结合农村的地域特性、农民的阶层特征，对农业科技知识、农产品市场消息、农村地区消费娱乐文化等内容有所偏重。文化设施和文体活动体系在形态上表现为基础建设和民众的文化活动，如农村文化室、文体活动广场等基础设施，电影、图书等文化产品，戏曲等文化内容生产活动，这些文化基础设施、文化产品和文化内容生产活动，无论是总量、结构还是布局，都需要与农村居民思想文化具体需求一一对应。同时，文化设施和文体活动都缺不了实施主体，主要包括供给方、需求方以及第三方。农村基本公共文化服务体系中的制度保障体系，不仅包括公共文化筹备制度、公共文化补助制度、文化市场经管制度和相关的文化政策规划，还包括监管制度、问责制度、生产运营管理制度等，对文化供给者、文化设施投资者以及相关组织体系的行为都起到规范和引领的作用。

三、农村基本公共文化服务的供给方式

基本公共文化服务的供给，是以政府为主体，为满足公众的公共文化需求，根据不同时期经济社会发展状况，向公众无偿提供的公共文化产品和服务。

当前我国基本公共文化服务，以政府为主体进行的供给过程，可以

分为投入、产出两个角度，有投入才能产生供给，供给的产出在一定程度上反映公共文化投入的成效，投入与产出两者缺一不可。基本公共文化服务的产出，与教育、医疗服务等公共文化差异较大，其产出成果较丰富且形式多样，没法用单一指标进行公正合理的衡量。

基本公共文化服务根据服务类型的差异，产出成果表现形式多样。其中，图书馆服务，其产出表现为图书馆馆藏图书量、人均图书量等；群众文化服务，其产出表现为组织群众文化活动的次数；艺术服务，其产出表现为艺术场馆以及艺术团体的演出场次，还有博物馆的参观人次等。基本公共文化服务送达和资源使用情况，反映公众所享受到的基本公共文化服务数量和质量；群众对服务的满意度即使用效能，反映了公众的参与度。

我国城乡二元经济社会结构，这一历史遗留问题造成了农村基本公共文化服务供给滞后，农村居民的公共文化需求在得到满足之前，存在很长的时间跨度；政府主导着公共文化产品和服务的供给，农民只是被动地接受政府提供的公共文化服务，导致目前农村基本公共文化服务供给呈现总量过多、结构不合理、产品质量不达标的状况。公共文化服务供给的现实就是“过多”与“不足”同时存在，自下而上的农民诉求被埋没，引发了上下脱轨，出现结构性“文化贫困”，政府要给予农民足够的权力，向着上下耦合的目标前进，逐步化解供需矛盾。尽管有社会组织、其他个人来弥补政府财政资源供给的不足，但是公共文化服务的特殊性，决定了市场化的公共文化产品供给，在一定程度上会加剧城乡间公共文化产品的供给矛盾。

我国基本公共文化服务正在从“是否有”迈向“是否好”的发展道路，因此有必要提升政府的供给有效性，聚合政府、企业和村集体的优势资源，加大对农村地区的公共文化服务供给。但是，公共服务供给的有限性，约束了资源的供给和使用，需要政府提高公共管理能力，克服供应障碍。因此，剖析基本公共文化服务供给现存的问题和发展规律、促进公共文化资源的合理配置和公共文化服务的有效供给，意义重大。

第三节 政府供给农村基本公共文化服务的理论基础

一、供给侧结构性改革理论

19世纪初，让·巴蒂斯特·萨伊提出“供给创造自己的需求”，即著名的“萨伊定律”，由此开启了经济学界供给学派的研究之路。19世纪40年代，马克思对萨伊定律提出了质疑，指出萨伊定律最根本的错误在于将简单的商品流通与物物交换混为一谈，但是萨伊定律仍继续在经济学界流行。20世纪30年代，凯恩斯的《就业、利息和货币通论》也对萨伊定律的权威性发起了挑战，指出萨伊定律的理论根基较为薄弱，因为其忽视了供求关系中有效需求的作用。美国的经济危机致使反凯恩斯主义学派的产生，其中就诞生了供应学派；同时，我国的学者开始重视西方供给研究的成果，积极开展供给侧结构性改革探索。

供给侧结构性改革的精髓体现在以下四点：第一，供给侧结构性改革的核心是刺激有效供给，并不是没有市场的供给。用新供给唤醒潜在的需求，从某些层面上来说，是供给创造了需求，虽然仍要兼顾供给和需求，只是如今管理的重点在供给侧。第二，刺激有效供给的关键为优化供给结构。我国的改革开放释放了劳动生产的潜力，经济发展从匮乏进入过剩状态，需求不足、供过于求的状况经常出现在国内市场，但与此相反的是我国游客境外“购物热”。不难发现，国内缺乏品质好、有新意的产品，这反映出供给结构严重失衡。第三，调整供给结构的前提是优化生产要素供给，合理分配各个生产要素，促进全要素生产率的提高。在市场约束不严的大环境下，所有的生产要素都有用武之地，特别是中低层次的生产要素，而高层次的技术要素、资本要素、人才要素等，因为受到抄袭或排挤而发展不起来，在没有掌握这些高端要素之前，想要扩大有效供给，无疑是不存在的。相反，当市场变为优胜劣汰、生产要素完全竞争时，有效供给会扩大，低层次的生产要素会被淘汰，因此要避免政府的"越位"，减少对市场的干预，制定合理的政策去引领市场体系的建设，让市场机制充分运行。第四，具有中国特色的供给侧改革，也要吸收和借鉴国外供给学派成功的实践。这个改革在经济情况复杂、结构性问题严重的我国国情下，需要花费巨大的精力，要重点选用综合性强、指向明确的政策，达到"去产能、去库存、去杠杆、降成本、补短板"的效果，最终完成刺激有效供给、优化供给结构、激活优质生产要素的任务。

提及基本公共文化服务供给，其基本思路是满足人们基本的公共文化需求，如读书看报等，但是随着我国经济的迅猛发展，公众文化需求也发生变化，原有的供给结构跟不上全新的公共文化需求，有效供给不足。而供给侧结构性改革，让目前的困境有了破解之法，将新的供给匹配不断变化的文化需求，促进供给结构的优化，实现供给的有效性。供给侧结构性改革理论，不仅让供给结构得到优化，还对农村基本公共文化服务供给机制的建设与完善有借鉴启示作用。

二、新公共管理理论

20世纪60年代，邓肯·布莱克在公共文化服务领域应用公共选择理论，该理论主张将政府的部分职能交给市场和社会去选择执行，不主张政府垄断进行公共服务。该理论主张社会力量的加入，市场机制的运行，这些会强化政府的职责，还会提高公共物品供给效率与范围。20世纪80年代，在公共选择理论的基础上，结合西方行政改革经验，新公共管理理论应运而生。依据该理论，公共管理的重中之重是提供公共产品与服务，通过将公共资源进行优化配置，理想状态当然是达到"帕累托最优"或者公共效益最大化。

新公共管理的核心主旨，是政府"有限理性"和官员的"经济人"

假设，即政府在一定条件下等同于市场经济下的企业，公共服务的生产者和消费者分别为政府和公众，行政目标就是在满足公众需求的前提下使得公众满意度最大化，此时社会组织管理运行的方法适用于公共部门。该理论强调整改政府公共部门内部运行机制，并主张通过市场机制如采购招标程序等来引进社会组织，下放部分管理事务，减轻政府部门负担，进而解决公共服务效率不高、财政压力大的问题。同时，管理人员也是需要职业技能的，各部门的领导人不仅要对自己的工作结果担责，还要具备专业的管理能力。新公共管理理论强调绩效评估的重要性，在基本公共文化服务中的实施，可以促进基本公共文化服务供给效率的提高。

三、新公共服务理论

公共管理理论为公共服务理论的发展奠定了基础，针对顺应社会发展的新要求和实践出现的新问题，一批学者提出关注服务对象需求的新公共服务理论。新公共服务理论着重强调公民权利与公共服务，倡导建立政府与公民平等对话、沟通交流，以达到协商合作模式的新公共管理。该理论主张政府的职能要由掌舵变成服务，由之前的管理者转变为关心社会发展的服务者，要加快政府职能的转变，尽可能满足群众而不是“顾客”的需求，供给过程中政府要加强与民众的交流，选择保护服务对象的长期利益，以实现社会公平和正义。

依据新公共服务理论，提供农村公共文化服务是服务型政府的重要职能之一，将财政资源投入公共文化服务保障了农村基本公共文化服务的建设和农民的基本文化权利，体现了政府的服务职能。

依据新公共服务理论，公共文化服务供给的改革过程中，要注重服务对象的参与度，让相关利益主体共同治理，明确各治理部门的责任；遵循公共利益至上的原则，公共文化服务相关政策一定要从群众的角度出发，保障公民的权益和文化权利。公共文化服务供给最终要实现的目标，包括“公平性”“民主性”和“服务对象的最大满意度”等。

四、公共财政理论

公共财政理论指出，“公共文化服务”具有“逆市场调节”性，它的公共品属性与外部性属性要求政府在履行“公共文化服务”职能时应该兼顾“公平”和“效率”。从公平与效率的角度出发，政府可以也有必要进行公共文化服务供给。

（一）农村基本公共文化服务的公共品属性

农村基本公共文化服务所具有的公共品属性决定着市场不供给或者供给不足以满足公众需求，进而导致“市场失灵”。政府通过政治程序或公共选择，供给基本公共文化服务，一方面可有效维护公民文化权利，另一方面可满足公众的公共文化服务诉求。

公共物品与私人物品最显著的区别在于受益的不可分割性、供给的非排他性和消费的非竞争性。对于公共物品来说，受益效用难以分割，个体使用的效用等于整体效用，没有人愿意为了自己的使用而去付费，“免费搭车”现象严重。对于私人物品来说，消费者需要的数量是依据自身边际效用得出的，在完全竞争的条件下，市场价格也相同，消费者需求量的总和就是市场的供给量。下面将通过需求曲线分析出公共物品的帕累托效率供给条件。

公共品的非竞争性、非排他性决定了每个人享受的公共品数量区别不大，由于每个人的公共品偏好有差异，因此，个体愿意为公共品消费支付的价格也不相同。如图1–1所示，根据效率原则，每个人为消费公共品支付的价格就是公共物品r的市场需求曲线D_r，即消费者A和B愿意为消费公共物品r负担成本的价格之和，是对个人需求曲线D_r^A和D_r^B进行纵向加总，即$D_r=D_r^A+D_r^B$。给出公共品市场供给曲线S_r，根据它们的交点就可以得到公共品r的均衡供给量Q_r。依据效率定价原则，在这一均衡产量上，公共品效率价格P_r等于消费者A和B负担价格之和且等于公共品r的供给总成本，即$P_r=P_r^A+P_r^B$。在效率价格P_r水平下的均衡供给量Q_r，就是公共品r的帕累托最优供给量。

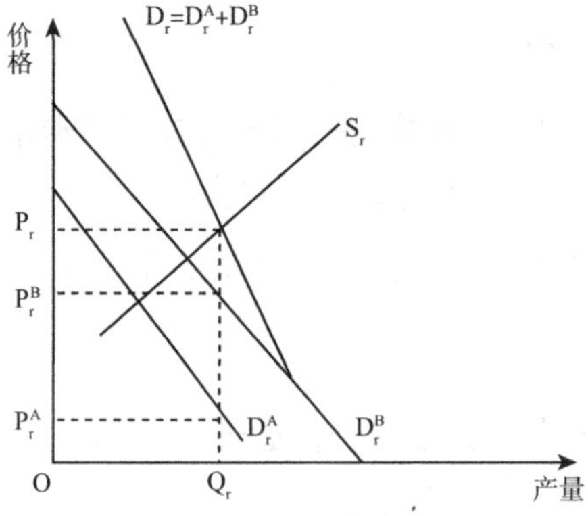

图1–1 基本公共文化服务的效率供给

通过分析可得，只凭市场机制完成公共品效率供给Q_r取决于消费者愿意以多少价格去支付公共品r，即消费者是否将自己的真实偏好完全表达出来。在市场竞争中，人们为了寻求等价交换的好处，会将自己对私人物品的真实想法完全暴露出来，市场也会根据消费者需求制定相应价格。当私人物品在竞争市场中交换时，人们无法隐瞒对私人物品的真实评价，因为这样做会导致他们无法在等价交换中受益。于是，市场可以根据既定价格水平，提供商品满足消费者需求。但公共品的非竞争性和非排他性，却使人们往往倾向于少支付成本而刻意隐瞒自己的真实偏好，因为这样做并不会影响他们享用公共品，即公共品需求曲线D_r完全是假设性的。这种让别人付费、自己坐享其成的“免费搭车”现象意味着市场机制无法根据价格信号配置有效数量的公共品。因为只要有公共品，“每个人都想以某种方式攫取私利，而这在私人物品自行管理的竞争定价情况下是不可能的”（Samuelson，1955）。市场不存在实现如图1–1所示的公共物品效率配置的自动趋势，在这一“市场失灵”领域，只能由政府完成公共物品效率供给。

（二）农村基本公共文化服务的外部效应

农村基本公共文化服务的正外部效应较强。所谓正外部效应（外部边际收益不为零）是指，除了供给者本身以外的其他人也受益，但是不需要付出任何代价。提供具备正外部性产品或服务的一方获得的实际收益小于应得收益，其社会边际效益不能够得到充分体现。出于边际效益最小化的考虑，“经济人”会选择减少该类产品或服务的供给，导致社会上有效供给量不足。图1–2显示的是边际私人收益（MPB）和边际成本（MC）曲线，理性“经济人”选择的供给水平是Q^1，此时MC=MPB。假设该“经济人”提供的产品使他人获得外部边际收益（MEB），则产品的边际社会收益（MSB）是私人边际收益（MPB）与外部边际收益（MEB）之和，即MSB=MPB+MEB。按照效率原则，该产品效率供给水平是Q^*，此时MSB=MC。显然，由“经济人”提供具有正外部效益的产品供给水平Q^1达不到社会资源配置的最优供给量Q^*。这也从另一层面解释了市场机制无法完成公共品或公共服务效率供给的原因。

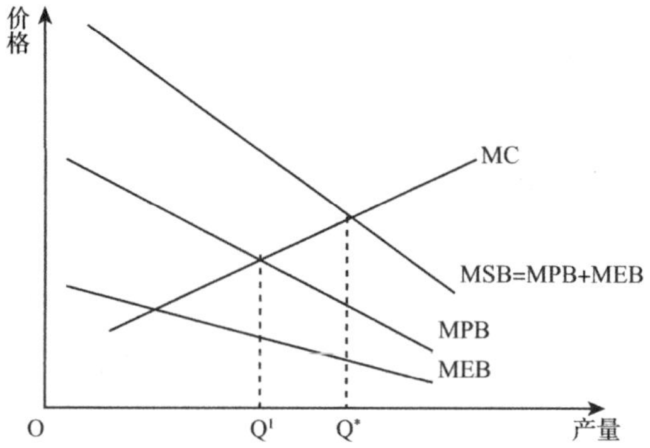

图1–2　正外部性问题

通过分析发现，市场对外部性为正的公共文化服务，提供能力不足或者提供意愿不强，政府只能进行干预，为公众提供公共文化产品和服务。尤其是在公共文化服务和产品缺乏的农村地区，需要用“有形的手”供给公共文化服务；同时，公共文化服务是一种“逆市场调节”行为，属于政府职能范围内用来提高人力资本素质、缩小贫富差距的重要手段之一。

公共财政本质是政府的经济活动与分配行为，目标在于通过财政资源配置满足公众公共需求。公共文化服务需求的满足离不开公共财政的支持。公共财政在满足动态变化的公共文化需求的同时，有赖于社会力量的辅助，以共同完善基本公共文化服务体系建设。

根据财政分权理论，央地政府的财政事权与支出责任各有所长，应该各自扬长避短、负起责任，合理利用地方政府的优势，掌握地方性公共文化产品的需求数量、质量等信息，打造更优质的公共文化产品，提供更高效率的公共文化服务。不过各级政府官员晋升的“政治锦标赛”容易引起恶性竞争，事权逐渐下沉、财权不断上移，政府职能的“缺位、越位”等现象时常发生，所以要明晰各级政府的事权与支出责任。对于全国性公共文化服务则由中央政府负责提供，如国家博物馆、图书馆等塑造全民文化价值观的场所及活动，而区域性地方性的公共文化服务，如地方戏展演等事务仍由地方政府承担。

我国的财政分权体制影响较大，中央政府出于全面、长远的目的，对科技、文化等周期长、见效慢但经济社会长足发展不可或缺的“软性”公共产品供给偏向强；地方政府出于竞争目的，对公共品的供给结构选择不同，考虑到经济型公共品对当期当地的GDP增长有很大的作用，对流动资本的吸引力也大于非经济型公共品。因此，地方政府大多会选择提供占比较高的周期短、效益高的经济型公共产品，而周期长、效益低的非经济型公共产品的占比相对较低。这样，一些政府官员就能掌握政绩考核的密码，反过来又增加对政绩有裨益的“硬性”公共产品的提供，忽视对科技教育文化卫生等长期低效的“软性”公共产品的提供，导致现在公共文化服务存在供给总量不足、结构性失衡的问题。一般“软性”公共产品是为了满足人们的物质生活需求，随着基本物质生活需求被满足，人们开始追求精神文化的丰富，即公共文化的生活消费需求。公共文化服务虽然属于“软性”公共品，本质上属于意识形态范畴，归属于政治上层建筑，其发展水平受经济基础决定，同时对经济增长和社会进步会产生潜移默化的作用，因此，公共文化服务不同于一般“软性”公共产品，是公共服务的深层次挖掘，政府有责任通过公共财政进行供给。

五、城乡融合发展理论

城乡融合发展理论是对城乡分离对立的全面否定与升级。通过消除城乡隔离，城乡实现在人口、政治、经济、文化等诸方面的融合。而要消除城乡隔离，需要高度发达的社会生产力。通过物质方面的极大丰富，拉动乡村生产力发展，均衡全国大工业布局，促进城乡之间的深入链接与融通。城乡融合发展体现在城乡平等发展与城乡间资源要素的双向流动。

城乡融合追求城乡平等发展。一方面，需要城市带动乡村发展，是城乡关系良性互动的基础，这并不意味着不需要城市这种物质实体，恰恰相反，是要在承认城市优势的基础上，发挥城市的中心作用和扩散效应，以此带动乡村发展，引导社会资源向农村地区汇聚；同时，逐步弥补农村地区发展的短板，充分发挥农村在生态环境等领域的特有优势。另一方面，通过工农业产业有机结合，促进城乡融合。通过工农结合，工农业生产资料被社会全体所共同占有并配置，进而能够促进工农业生产的深度融合，打破工业布局局限在城市的传统实践，为城乡融合发展奠定产业基础。

城乡融合追求资源要素的双向流动。即通过政策引领，在短期内，打破人才、资金、技术等生产要素的城乡间流动壁垒，在长期内，形成城乡优势资源互补与共建共享。通过现代化工具、机器设备等运用，不仅可以解放出部分城市劳动力来参与农业生产，而且能够促进机器设备、科技等资源要素在农村地区的集聚与推广运用。人口要素在城乡之间的自由流动，无论是对城乡分隔的消除，还是对城乡融合的推进，都具有无可替代的作用。农村人口相对分散、城市人口分布相对集中，这是工农业发展水平都不高的表现。工业化和城镇化的发展，促进城市资本要素回流农村，原来在很大程度上靠农村积累起来的城市资本，部分地回流到农村，这些都是促进农业农村现代化必不可少的生产要素。

中国特色社会主义进入新时代，面对化解城乡之间因经济社会发展差距而产生的矛盾，党中央在“城乡统筹发展”“城乡一体化发展”的基础上，对我国城乡关系发展提出新要求——城乡融合。其中，城乡融合的基础是城乡共生、城乡融合的核心是城乡共建、城乡融合的目标是城乡共享。[①]城乡融合发展理论，为我国进入新时代建设新型城乡关系，提供了坚实的理论支撑。

① 唐惠敏.准确理解城乡融合发展的内涵［N］.安徽日报，2019-05-21（6）.

第二章 城乡融合进程中农村基本公共文化服务的供给演进与评价

第一节 新中国成立以来农村基本公共文化服务供给演进

新中国成立以来，我国农村发生了翻天覆地的变化，尤其是改革开放以后，伴随着市场经济体制的逐步建立与完善，企业和社会组织开始有更多的自主权，农村基本公共文化服务供给主体和供给方式逐步多元、供给内容日渐丰富、供给体系逐步完善。伴随着城乡关系的发展演变，农村基本公共文化服务供给呈现不同特点，最终形成现行的农村基本公共文化服务供给模式。新中国成立以来，农村基本公共文化服务供给的发展过程，依据城乡关系的演进，主要包括四大阶段：城乡二元结构形成阶段（1949~1978年）、城乡互动发展阶段（1978~2002年）、城乡统筹发展阶段（2002~2017年）和城乡全面融合发展阶段（2017年至今）。

一、城乡二元结构形成阶段的农村基本公共文化服务供给（1949~1978年）

新中国成立之初，以苏联为借鉴，结合现实国情，我国对城乡发展展开了探索。为实现“先进工业国”的发展目标，我国建立了计划经济体制，实施了“重工业优先发展”的赶超战略，做出了统购统销政策、户籍管理制度、人民公社制度等一系列制度安排，城镇与乡村逐步形成两种经济社会运行体制，且在运行过程中不断得到强化与固化。这些是在党的领导下，我国全体民众对于中国特色城乡融合发展道路的实践探索，需要辩证分析与把握：一方面，城乡二元体制使得城乡间生产要素流动受到限制，束缚了农村生产力的发展；另一方面，若没有重工业优先发展战略，未能优先发展重工业，则难以形成改革开放后的产业格局与工业支撑，从而难以真正建立独立完整的工业体系与国民经济体系。

（一）城乡二元结构形成阶段的农村基本公共文化服务供给特点

新中国成立初期的1949~1957年，在农村土地改革和农业合作化运动中，农村基本公共文化服务供给制度的雏形开始显现。在这一时期，国家财力有限，并且主要投入于城市建设，相应投入农村公共文化建设的财力与物力都较为匮乏，农村公共文化服务供给主体是农村生产合作社。因而，农村生产合作社承担着农村基本公共文化服务供给的主要责任，但供给内容相对比较简单，农村基本公共文化设施比较简陋，公共文化活动主要是开展文化扫盲运动、兴办农村中小学文化事业等，公共文化服务供给内容较少。这一期间，基本公共文化服务运行机制也不健全，农村居民文化需求表达渠道较闭塞，实行自上而下的供给决策机制，国家的投入规模很低。当时农村公共文化建设的筹资渠道有限，基本采取制度外筹资渠道，以农民群众自筹为主。

1958~1977年是我国人民公社时期，农村基本公共文化服务的供给主体是人民公社“集体”，人民公社对公社文化资源实施全方位垄断。在农村“三级所有，以队为基础”的经济体制环境下，人民公社、大队和生产队成为农村基本公共文化服务的供给者，从多方面为农民提供基本公共文化服务。由于大队和生产队只是生产组织，作为生产组织提供一些农村基本公共文化服务，出现了社会供给的萌芽形态。人民公社普遍设立了文化站、广播站、中心学校等文化组织和机构，人民公社、大队和生产队的三级集体，开展了读书识字活动、歌舞活动和节假日群众性公共文化活动，这些与当时的政治运动紧密结合。这一期间，农村基本公共文化服务的供给，依然实行自上而下的决策机制，农民需求未能有效表达，供给筹资渠道仍是制度外筹资渠道，农村基本公共文化服务资金主要由社员承担，供给运行机制依然不健全。

（二）城乡二元结构形成阶段农村基本公共文化服务供给的成就与存在问题

新中国成立初期，全国范围内农村普遍开展的扫盲运动、兴办农村中小学文化教育，提高了农民群众的文化素质。据统计，1952年相较1949年，农村中小学在校生分别增加186.2%和111.8%[①]。全国文化事业单位和文艺表演团体数量有较大增加，其中，电影放映单位由1949年的646个增加到1952年的2285个；艺术表演团体由1949年的1000个增加到1952年的2084个；文化馆由1949年的896座增加到1952年的2430座[②]。这些为农村社会进步发挥了重要作用，也极大地丰富了农民文化生活。

1958年，我国农村进入人民公社时期，人民公社对农村公共文化服务的供给，实行统一管理，取得较大成绩。1958年全国电影放映单位达12579个，业余学校学习人数有3000多万人[③]。总体而言，从新中国成立到"文化大革命"之前，农村文化事业发展呈现生机活力景象，人民公社、大队和生产队的三级公共文化供给体系，在全国范围内的农村地区普遍建立起来，大批公共文化设施得以兴建，多种公共文化活动得以开展，这些为农村基本公共文化服务的有效供给奠定了基础。

新中国成立至改革开放前的这一期间，我国实行高度集权的计划经济体制。政府包揽了整个农村社会的全部职责，导致了在农村公共文化

① 中共中央党史研究室.中国共产党历史（第二卷）(1949-1978）上册［M].北京.中共党史出版社，2011.

② 徐达深.中华人民共和国实录（第五卷）[M].长春：吉林人民出版社，1994.

③ 沈雁冰.新中国社会主义文化艺术的辉煌成就.辉煌的十年［M].人民日报出版社，1960.

服务供给方面，供给总量存在严重不足的问题，很多地区甚至是严重匮乏。在人民公社体制下，公社管理人员由上级任命，执行国家的政策和命令，农民对于文化需求的表达缺乏参与决策的权力与机会，相应的服务供给容易忽视农村居民自身意愿，所做决策往往偏离农民的真实意愿和需求；此外，这一时期的农村公共文化服务内容，过于强调文化的政治作用，较少重视文化的娱乐休闲功能；重视农村文化教育的普及，而忽视文化教育质量的提高；重视公共文化设施和服务的数量，而忽视公共文化设施的实用性和服务质量等问题。

（三）城乡二元结构形成阶段农村基本公共文化服务供给的有益启示

这一时期农村公共文化建设的成就与教训，为当前我国农村的公共文化服务供给提供了有益启示。

启示一在于，农村基本公共文化服务的供给要充分调动社会资源。从新中国成立到改革开放前，专业文化艺术团体与业余文化艺术活动，都获得了较快发展。一方面得益于计划体制在人财物等资源配置方面的优势；另一方面得益于较好地利用了农村基层组织、农村共青团和妇联等组织的社会资源，建立了自上而下相对完善的农村公共文化组织体系，在编排文艺表演节目、组织公共文化活动等方面发挥了重要作用。

启示二在于，农村基本公共文化服务要紧贴农村实际。从新中国成立到改革开放前，农民中文盲和半文盲占绝大多数，农村基本公共文化建设将办识字班、发展农村中小学教育活动作为重要内容，开展农村文化活动，较好地体现了农村文化的乡土特征，较好地调动了农民参与基本公共文化服务。

启示三在于，农村基本公共文化服务要适应社会主义宣传需要。从新中国成立到改革开放前，我国正处于政治、经济、社会大变革时期，农村公共文化服务供给与农村社会主义革命和社会主义建设宣传紧密相连，宣传社会主义革命和社会主义建设中党和国家的路线、方针、政策，较好地发挥了基本公共文化服务为社会主义建设提供精神动力和智力支持的作用。

启示四在于，农村基本公共文化服务供给要遵循文化自身发展的客观规律。经济基础决定上层建筑，不能脱离经济发展的实际条件，不能脱离人民群众的文化水准和实际需要，否则不利于文化发展与繁荣。

启示五在于，农村基本公共文化服务供给必须法治化。从新中国成立到改革开放前，农村基本公共文化服务的供给主要取决于领导重视程度，人治色彩较浓厚，供给缺乏法律与制度性保障，具有较大的变动性和不稳定性。因此，基本公共文化服务供给必须法治化，依法实施监督，保证农村基本公共文化服务供给的稳定性和持续性。

启示六在于，农村基本公共文化服务供给主体需要多元化。从新中国成立到改革开放前，农业合作社或人民公社，是农村公共文化服务的单一投入主体和建设主体，供给的文化产品和服务形式较单一，难以满足群众的多样化需求。此外，单一供给主体致使制度内资金投入不足，不能调动农民参与公共文化服务供给和创新的积极性。因此，要调动社会和市场主体积极性，鼓励社会资金和企业资金的投入，增加农村公共文化服务供给。

二、城乡互动发展阶段的农村基本公共文化服务供给（1978~2002年）

（一）城乡互动发展实践

改革开放初期，我国启动乡村改革，农村经历了一系列的制度变迁，力图破解城乡二元体制障碍。一是实施家庭联产承包责任制。农户家庭获得经营自主权，农民成为农村土地的生产经营主体，农村基层政权逐渐过渡到乡镇政府，否定了人民公社制度，理顺了农村居民与国家之间的分配关系。二是松动乃至取消统购统销政策。放开了多数农产品的经营，改革工农产品定价机制，促进了城乡间商品流通渠道的畅通。三是松动了户籍管理制度。加速了农村剩余劳动力向非农产业或城镇转移的步伐。

通过一系列的乡村改革举措与乡镇企业的崛起，城镇与乡村之间交流不断增加，城乡之间关系得到了有效改善。但进入20世纪80年代中后期，我国改革的重点重心发生了变化，由农村转移到城市。1992年，提出建设社会主义市场经济体制的目标模式，为经济社会持续健康发展指明了方向，与此同时，城乡之间的互动发展关系也受到市场力量的较大冲击。为配合政府的一系列城市偏向政策，各种类别的资源又加速集聚向城市流动，进一步加快了我国工业化与城镇化的步伐。

这一期间的乡村改革、城市改革、探索中国特色社会主义市场经济体制等一系列改革举措，为我国自改革开放以来40多年的经济高速增长奠定了基础，加速了现代化建设进程。这一时期，农村支持城市发展的方式发生了根本性转变，由“工农产品价格剪刀差”方式调整改变为“为城镇发展提供廉价生产要素”方式，这些都是党领导全体人民进行中国特色城乡融合发展道路的积极探索与有力实践，为推动城乡全面融合奠定物质基础。

（二）城乡互动发展阶段的农村基本公共文化服务供给特点

从供给主体来看，政府不再是农村基本公共文化服务的唯一供给主体，作为社会生活重要力量的企业，日益参与到供给之中，共青团组织、妇联组织、村委会、文化事业单位等社会力量也通过不同途径参与农村基本公共文化服务的供给，供给主体呈现多元化趋势。但在广大农村地区，无论是以企业为主的市场力量，还是以非政府组织为主的社会力量，能力都很有限，拥有资源较少、参与供给途径不多，因此，对于那些覆盖面广、成本高但效益低的农村基本公共文化服务，主要供给主体仍是政府。概括而言，这个时期，农村基本公共文化服务仍以政府供给为主，市场供给和社会供给为辅助补充。

供给主体的增加使农村基本公共文化服务的供给种类和数量逐渐增多，供给内容有所丰富。家庭联产承包责任制的实施赋予农民对物资和劳动力更多的支配权利，村民委员会制度的实施使村委会成为村级公共文化服务的重要供给者。国家先后出台了一系列适应当时文化事业发展的倾向性政策，鼓励符合条件的文化事业单位开展有偿服务和经营活动，促进了部分文化事业单位具有提供部分基本公共文化服务能力。农村经济的发展和乡镇企业的兴起使一些企业和个体有能力有意愿提供部分公共文化服务。农村社区和农村民间组织等社会组织也提供部分公共文化服务。这些供给主体增加了农村基本公共文化服务供给种类和数量，丰富了农村基本公共文化服务供给内容。

在此期间，企业、社区等供给主体为提高供给的针对性和效率，在一定程度上会反映农民意愿与需求，农村基本公共文化服务的需求表达机制有所完善，供给决策机制显现自下而上的趋势。但由于财政资金主要来自上级拨款，村委会、乡镇政府必须听命于上级政府，农村基本公共文化服务供给一般是按照上级政府指令来分配供给类目和数量，农民意愿往往会被忽视，而自主决策部分的决策权属于乡镇和村干部，因此，这一期间决策机制仍是以自上而下为主的，初显出自下而上的趋势。这一期间，乡镇政府行政经费往往不足，为弥补相关费用缺口，主要通过农民交纳“三提五统”或向农民集资来摊派。农村基本公共文化服务供给筹资机制仍是制度外的供给机制，成本以“显性化”方式由农民额外负担。这一期间，无论决策机制还是筹资机制，相较人民公社时期，都更为健全和完善。

（三）城乡互动发展阶段的农村基本公共文化服务相关政策

改革开放不仅发展了经济，也加强了文化建设，党和政府十分重视文化建设，根据不同时期的社会发展状况，制定文化政策以满足人民的文化需求（具体见表2-1）。

1982年9月，党的十二大报告特别指出“精神文明建设、文化建设与经济建设齐头并进”。党的十二届六中全会通过了《中共中央关于社会主义精神文明建设指导方针的决议》，指导精神文明建设实践，指出“以马克思主义为指导的社会主义精神文明是社会主义社会的重要特征”。

1992年10月，党的十四大报告明确提出要“完善文化事业的有关经济政策”，同年，《中共中央国务院关于加快发展第三产业的决定》把

“文化卫生事业”当作加快第三产业发展的重点，文化产业在这个大背景下进入顺利发展的轨道。

进入21世纪，党中央、国务院高度关注“三农”问题，高度重视农村文化建设，着力推进重点文化工程建设，组织开展形式多样的农村文化活动，积极培育农村文化市场，促进农村文化和经济、社会、政治协调发展。

2002年11月，党的十六大报告明确提出，“要扶持老少边穷地区和中西部地区的文化发展”，要不断加强文化基础设施的建设，大力发展各类群众文化，还提出“积极发展文化事业和文化产业”。

表2–1　城乡互动发展阶段的农村公共文化服务相关政策及主要内容

年份	政策文件	主要内容
1980	《中共中央发出认真学习贯彻第四次全国文代会精神的通知》	明确文艺工作的任务，将文化与政治分离
1982	《中华人民共和国国民经济和社会发展第六个五年计划》	县县有图书馆和文化馆，乡乡有文化站
1987	《文化部发布文化事业单位开展有偿服务和经营活动的暂行办法》	文化事业可在合法合规的基础上适当进行有偿服务，保证资金充足
1989	《中共中央发布关于进一步繁荣文艺的若干意见》	明确推动文化体制“双轨制”改革
1991	《关于文化事业若干经济政策意见的报告》	县县有图书馆、文化馆，乡乡有文化站，有目标地补助农村文化事业建设
1992	《文化部对文化站办法的规定》	在地方财政支出预算中，逐年增加文化站的经费且不得随意变更文化站内容
1994	《财政部、国家税务总局发布关于继续对宣传文化单位实行财税优惠政策的规定》	对部分文化部门税收先征后退，对部分文物单位门票免征营业税，对文化事业单位的固定资产投资方征收零税率
1996	《中共中央关于加强社会主义精神文明建设若干重要问题的决议》	改革文化体制，繁荣文化事业
2001	《国家计委、文化部关于“十五”期间加强基层公共文化设施建设的通知》	明确目标，规划基层公共文化设施建设
2002	《文化部、财政部关于实施全国文化信息资源共享工程的通知》	利用现代信息技术，为我国中西部地区、信息匮乏地区提供文化信息资源

（四）城乡互动发展阶段的农村基本公共文化服务成果

在体制改革和经济建设双重作用下，农村公共文化发展在这一期间表现出先扬后抑的特征。改革开放后到1985年期间，得益于文化领域的管制放松，农村地区的文化队伍以及文化设施建设获得了良好的外部环境，得到了迅速发展。农村家庭联产承包责任制的实施，促进了农民收入的快速增加，带来了农民精神文化需求的急剧上升，这也促成了这一期间农村文化建设的长足发展。

但随着市场经济的逐步发展、文化体制改革效应的消减，公共文化产品发生了供给“失灵”问题，农村公共文化事业出现了下滑趋势。1985年开始，农村文化团体组织大体呈现减少趋势。1986年，业余演出组织比上年减少了6550个。1989年开始，乡镇文化站和集镇文化中心也都呈现减少态势。由表2–2可见，文化事业单位数量在改革开放初期呈现先升后降的趋势。

表2–2　　改革开放初期文化事业单位数量　　单位：个

年份	1978	1980	1984	1986	1988	1991
文化馆	2748	2912	3016	2993	2975	2894
电影放映	115946	125462	178387	173857	161777	139639
艺术表演团体	3150	3533	3397	3195	2985	2772

数据来源：徐达深主编.中华人民共和国实录（全五卷）[M].长春：吉林人民出版社，1994.

党中央高度重视公共文化事业发展的下行态势，1995年11月，中宣部、农业部、文化部、新闻出版署等多部门联合发布了《关于开展组织文化下乡活动的通知》。通过文化下乡活动的组织开展，尤其是科技下乡，满足了农村居民的科技文化需求，得到了农村居民的普遍欢迎，极大地促进了农村地区的文化建设。1996年，文化下乡被引向深入，全国农村地区普遍开展文化下乡、科技下乡、卫生下乡的“三下乡”活动。到1996年底，文化下乡活动取得显著成果，其中，送戏下乡11万场、送电影下乡30多万场、赠送图书报刊1200多万册、为农村建立书库14000多个。

三、城乡统筹发展阶段的农村基本公共文化服务供给（2002~2017年）

（一）城乡统筹发展阶段实践

进入21世纪，结合现实国情，我国政府做出“工业化发展进入中期阶段”的判断。同时，基于一些工业化国家发展历程的经验借鉴，我国对城乡融合发展道路进行了创新性探索。

党的十六大报告首次正式提出“统筹城乡经济社会发展”的论断，力图通过重新调整工农业发展和城镇乡村发展战略，实现“工业反哺农业、城市支持农村”。2005年，我国提出要坚持“多予、少取、放活”的总方针，通过加大对农业农村的投入、完善和强化各项支农举措，改变从农村索取的旧有局面，活跃了农村经济发展，农村生产力水平得到大幅提升。同年，党的十六届五中全会通过《中共中央关于制定国民经济和社会发展第十一个五年规划的建议》，提出扎实推进社会主义新农村建设。自此，“建设社会主义新农村”，作为一项历史任务被正式提出并实施，这为统筹城乡发展提供了重要契机，也为突破城乡二元结构创造了条件。2007年，党的十七大作出“城乡发展一体化”的重要战略决策，旨在使乡村与城镇在经济、社会等各领域形成一体化发展的新格局，促使农村居民与城镇居民一样，共享国家改革与发展的成果。

在此期间，得益于一系列“助农惠农强农”政策举措的实施，农业作为关系国计民生的产业得到长足发展，农村与城镇的紧张关系得到有效缓解，步入良性发展轨道。但在这一期间，农村仍处于相对次要地位，发展仍处于相对被动状态，乡村各类资源及文化的多重价值被忽视，以致城乡发展趋于“同质化”，存在农业农村发展被城镇工业发展“挤占挤出”效应。

这一期间，国家采取以城带乡、以工补农等政策协调城乡关系与发展，在总体小康的基础上不断向全面小康推进。同时，通过社会主义新农村建设，着力改变农业农村的落后发展局面，积累了较为丰富的物质基础和技术条件，为新时代城乡融合发展奠定基础。这些都是在党的坚强领导下，全体民众对中国特色城乡关系的积极探索与实践，致力于改善农业农村的落后发展局面，破解城乡二元失衡的状况。

（二）城乡统筹发展阶段的农村基本公共文化服务相关政策

2005年10月，党的十六届五中全会召开，首次正式提出“公共文化服务体系”，并明确要求“加大政府对文化事业的投入，逐步形成覆盖全社会的比较完备的公共文化服务体系”。

2005年11月，中共中央办公厅、国务院办公厅联合发布《关于进一步加强农村文化建设的意见》，明确指出“加强农村公共文化建设”，具体包括大力推进广播电视进村入户、积极发展农村电影放映、开展农村数字化文化信息服务、推动服务“三农”的出版物出版发行、加强乡村文化设施建设；该意见还明确指出，通过开展形式多样的群众文化活动，着力发展农村特色文化，进而丰富农村居民精神文化生活。

2005年12月，中共中央、国务院印发了《关于深化文化体制改革的若干意见》，提出依据收入水平与盈利能力，区分公益性文化事业和经营性文化产业，并以文化事业是否有稳定的营业收入为标准，划分全额预算、差额预算和自收自支不同层次的文化事业。其中，公益性文化事业的发展，根据意见要求，政府是主导，政府需要通过增加公益性文化事业投入、增强公益性文化事业活力以及改善相应服务等手段，以有效保障广大人民群众的基本文化权益的实现。这次文化体制改革，对于文化领域的公共支出范围进行了梳理与界定，明确了文化领域内政府与市场的分工。

2007年10月，党的十七大报告提出“推动社会主义文化大发展大繁荣”的要求，并明确指出“坚持把发展公益性文化事业作为保障人民基本文化权益的主要途径，加大投入力度，加强社区和乡村文化设施建设”。

2011年10月，党的十七届六中全会作出《中共中央关于深化文化体制改革、推动社会主义文化大发展大繁荣若干重大问题的决定》，提出“按照公益性、基本性、均等性、便利性的要求，加强文化基础设施建设，完善公共文化服务网络，大力发展公益性文化事业，保障人民基本文化权益”。

2012年2月，中共中央办公厅、国务院办公厅联合印发《国家“十二五”时期文化改革发展规划纲要》，提出要构建覆盖城乡的公共文化服务体系，对加强公共文化产品和服务供给做出了系统规定。

2012年7月，国务院印发《国家基本公共服务体系“十二五”规划》，该规划将公益性文化、广播影视、新闻出版等，作为“十二五”基本公共文化服务的重要任务，要求建立健全公共文化服务体系、扩大公共文化产品和服务的供给，以满足城乡居民精神文化需求。

2012年11月，党的十八大报告明确提出“到2020年基本建成现代公共文化服务体系”的目标。党的十八届三中全会提出，构建现代公共文化服务体系的新要求。党的十八届四中全会明确提出，制定公共文化服务保障法，以促进基本公共文化服务标准化、均等化。

2013年1月，《文化部“十二五”时期公共文化服务体系建设实施纲要》发布，文件从总体思路、重点任务和保障机制三个方面，系统设计公共文化服务体系的建设路径，充分调动市场主体和社会组织力量，形成共建共享，实现城乡公共文化服务的多元化、社会化。

2015年1月，中共中央办公厅、国务院办公厅联合印发了《关于加快构建现代公共文化服务体系的意见》《国家基本公共文化服务指导标准（2015~2020年）》，这些顶层设计对统筹公共文化服务的均衡发展、确保公共文化服务的可持续性与稳定性等有关公共文化服务体系建设的各个层面，做出了具体的规定，以有效保障公众基本文化权益的实现。

2016年12月，《中华人民共和国公共文化服务保障法》颁布，从法律层面明确了我国各级政府在公共文化服务供给中的主体地位，并详细制定了公共文化服务指导标准，为我国推行基本公共文化服务均等化，提供了法律依据和制度保障。表2–3是这一期间颁布的相关政策文件及主要内容。

表2–3　城乡统筹发展阶段的农村公共文化服务相关政策及主要内容

年份	政策文件	主要内容
2005	《关于进一步加强农村文化建设的意见》	加强农村公共文化建设、丰富农民群众精神文化生活
2005	《国家“十一五”时期文化发展规划纲要》	优先安排关系人民群众切身文化利益的设施建设，组织“送书下乡”，建设“农家书屋”，推进农村电影放映数字化
2005	《关于深化文化体制改革的若干意见》	政府工作的中心是构建公共文化服务体系
2007	《关于加强公共文化服务体系建设的若干意见》	明确我国公共文化服务体系建设的基本原则以及待实现的目标
2011	《中共中央关于深化文化体制改革推动社会主义文化大发展大繁荣若干重大问题的决定》	系统地界定了以公共文化服务为核心的相关术语内涵，明确了公共文化服务基本性、公益性、均等性、便利性的特质和四者的关系
2012	《国家“十二五”时期文化改革发展规划纲要》	明确“十二五”时期公共文化建设的重点在于实施农村和中西部地区的系列文化惠民工程
2012	《国家基本公共服务体系“十二五”规划》	“十二五”的重要任务是公益性文化、广播影视、新闻出版和群众体育，对城乡基本公共文化服务作了总体规划
2013	《文化部“十二五”时期公共文化服务体系建设实施纲要》	对公共文化服务体系建设从总体思路、重点任务和保障机制三方面进行系统设计
2015	《关于加快构建现代公共文化服务体系的意见》	遵循社会参与、共建共享的原则，全面部署了现代公共文化服务体系的构建
2015	《关于做好政府向社会力量购买公共文化服务工作的意见》	明确购买主体和内容、指导性目录、完善购买机制、提供资金保障、健全监管机制、加强绩效评价
2015	《关于推进基层综合性文化服务中心建设的指导意见》	明确功能定位、丰富基层综合性文化服务中心的服务内容以及服务方式、创新其运行管理机制
2015	《国家基本公共文化服务指导标准（2015~2020年）》	明确了基本公共文化服务的种类和具体内容，各地因地制宜采取配套措施，保障人民的基本公共文化权利
2016	《公共文化服务保障法》	详细制定了公共文化服务指导标准
2016	《关于推进县级文化馆图书馆总分馆制建设的指导意见》	全国具备条件的地区因地制宜建立起上下联通、服务优质的县级文化馆、图书馆总分馆制

（三）城乡统筹发展阶段的农村基本公共文化服务成果

为实现公共文化服务供给的城乡均等化，各级政府进行了积极的探索，覆盖城乡的基本公共文化服务体系框架基本建立。国家“十一五”规划纲要提出的文化惠民工程，如村村通广播电视、全国乡镇均建有综合文化站等，对农村文化工程的建设发挥了有力的促进作用（见表2-4）。截至2010年底，广播电视“村村通”工程建成23万个乡镇基层服务点，覆盖全部通电行政村和20户以上自然村，文化信息资源共享工程实现行政村90%的覆盖率，基本每个乡镇都建有综合文化站、农村地区基本实现“一村一月放映一场电影”的目标。

除了农村文化设施建设外，各类群众文化活动不断开展。国家加大了对农村文化生活和农村文化服务的支持，例如，2006年全国举办各种群众文艺活动39万场次，中央财政安排3亿元资金用于流动舞台车工程，2007~2010年，为基层文化机构配备1000多辆流动舞台车。通过开展形式多样的公共文化服务，丰富群众文化生活。

表2-4　“十一五”时期农村文化建设重点项目

农村文化建设项目	建设任务	建设目标	完成情况
广播电视“村村通”	运用卫星、无线、有线等技术保证村村户户收到多套数、高质量的广播电视节目	已通电自然村有20户以上	2010年底，建成了23万个乡镇基层服务点，59.7万个村基层服务点，实现了“村村通”目标
农村电影放映	电影资源库多样化，完善数字化建设，增加放映点数量	农村每个月至少放映一场电影	达标
乡镇综合文化站建设	给贫困地区配备综合文化站，改造旧的公共文化设施	基本实现每个乡镇配备文化站	2010年底，完成目标的57.2%
流动综合文化服务车	在西部、老少边穷地区进行流动服务，每个县乡配有流动文化服务车、电影放映车	将放映电影、销售并借阅书籍、展览图片和科技等合为一体宣传	基本达标，2007~2010年用1000多辆流动舞台车送戏下乡

资料来源：依据《国家“十一五”时期文化发展规划纲要》《2010年中国文化文物统计年鉴》整理。

2012~2017年，我国坚持将重大文化惠民工程，作为促进公共文化服务均等化的重要手段，积极推进公共文化服务的均等化标准化建设。这一期间推进的农村文化建设重点项目，是“十一五”时期农村文化建设项目的更新和延伸，“村村通”升级为“户户通”，数字化技术促进了电影放映数量、质量的提升，全面推行“农家书屋”并完善了相应配套措施（见表2-5）。在政策的强力引导下，农村广播电视“村村通”“户户通”工程的实施，实现广播电视覆盖率达99%；农村电影放映工程的实施，实现每年为农村居民放映800多万场次电影，保证农村居民每个月都能免费看到一场电影；农村实施的数字文化工程通过互联网已能够将文化信息送到村一级。

表2-5　　2012~2017年农村公共文化建设重点项目

农村文化建设项目	建设任务	建设目标	完成情况
广播电视村村通	已通电自然村在20户以下的着重解决，完善基础设施，实现卫星直播广播电视节目全覆盖	基本实现户户通，综合覆盖率高	全国广播电视人口综合覆盖率达到99%
文化信息资源共享	运用互联网等技术实现全覆盖，建设公共电子阅览室	入户率约有一半，数字资源量为532TB	电子阅览室面积有55.9万平方米，手机用户普及率达95.5部/百人
农村数字电影放映	增加流动放映点，定期为行政村播放数字电影、为农村中小学播放爱国教育影片	数字电影每月一场，爱国主义教育影片每学期两场	达标
农家书屋	每个行政村都有农家书屋且图书的配送、更新设施机制健全	到2012年底全覆盖	全国有60多万个农家书屋
流动综合文化服务车	增加流动文化服务车的数量	每个县尽量有一辆流动文化车	中西部地区已转制的县级剧团每团有一台流动舞台车

资料来源：依据《国家“十二五”时期文化改革发展规划纲要》《2015年中国文化文物统计年鉴》整理。

概括来看，这一期间，党和政府实施了一批重点文化惠民工程，为促进农村公共文化建设，国家相继出台并实施一系列政策。基层公共文化设施实施了城乡统筹建设，基本实现了“县县有图书馆文化馆、乡乡有综合文化站”的建设目标，极大地加大了农村基本公共文化服务的供给力度。国家还安排专项资金，补助购置乡镇文化站设施设备，解决基层文化设施“空壳”问题。截至2017年年底，全国共建成县级以上公共图书馆3166个，乡镇（街道）文化站33997个。经过长期财政投入建设，我国已初步建成覆盖城乡的公共文化设施网络。

四、城乡全面融合发展阶段的农村基本公共文化服务供给（2017年至今）

（一）城乡全面融合发展阶段标识

2017年，基于改革开放以来特别是党的十八大以来取得的历史性成就，以及社会主要矛盾发生了转变，党的十九大报告做出“中国特色社会主义进入了新时代”的重大论断。进入中国特色社会主义新时代，“人民日益增长的美好生活需要和不平衡不充分发展之间的矛盾”成为当前我国社会的主要矛盾。基于社会主要矛盾的转化，党和政府对城乡关系的定位、城乡发展的统筹进行了深刻总结，不仅提出破解“三农”问题的乡村振兴战略，而且制定城乡融合发展的战略目标，并为此建立并完善城乡融合发展的体制机制。此外，首次提出了“要坚持农业农村优先发展”，把农村置于与城市同等重要的地位，从根本上着力改变旧有的农业农村从属于城镇的次要地位格局，赋予了农业农村前所未有的高度定位，实现城乡经济社会文化共存共荣。城乡关系进入新发展阶段，标志着新时代推进城乡全面融合发展的新起点。

需要明确的是，我国城乡关系在党的领导下经过全体民众的长期努力，取得重大进展，工业农业、城镇乡村之间互动日益密切，但并未从根本上破除城乡二元结构，城乡之间的生产要素流动不畅通、城乡之间的公共资源配置不合理等问题较为突出，制约着农村居民对于美好生活需要的满足，阻碍着城乡全面融合发展。

为了破除城乡分立的二元体制，重塑中国特色社会主义新时代下的新型城乡关系，中共中央、国务院发布了《关于建立健全城乡融合发展体制机制和政策体系的意见》，对城乡融合发展体制机制的构建与改革框架进行了详尽的设计，以促进城乡之间相互渗透，形成融合发展态势。具体到乡村与城镇层面：为深入贯彻实施国家乡村振兴战略，2018年，《关于实施乡村振兴战略的意见》《乡村振兴战略规划（2018~2022年）》发布；2019年，中央一号文件聚焦“农业农村优先发展”，进一步指导“三农”工作；2021年，中央一号文件聚焦“全面推进乡村振兴加快农业农村现代化”，并提出“加快县域内城乡融合发展”等顶层设计与要求；2022年7月，国家发展改革委印发《“十四五”新型城镇化实施方案》，强调坚持以工补农、以城带乡，以县域为基本单元，以城乡融合发展试验区作为突破口，促进农村与城市之间的生产要素自由流动、促进农村与城市之间的公共资源优化配置，逐步健全城乡融合发展体制机制以及相关政策体系。上述政策措施等都是力图促进我国城镇化的高质量发展，为在新时代背景下实现城乡融合发展提供助力。

（二）城乡全面融合发展阶段的农村基本公共文化服务相关政策

2017年10月，党的十九大报告明确指出，要完善公共文化服务体系，深入实施文化惠民工程，丰富群众性文化活动，以推动文化事业发展。建立健全农村基本公共文化服务体系，是乡村振兴战略的重要内容，并为乡村振兴战略实施奠定精神基础。

2019年10月，党的十九届四中全会强调完善城乡公共文化服务体系，优化城乡文化资源配置，形成城乡一体的公共文化服务体系，并鼓励社会力量参与公共文化服务体系建设。

2020年10月，党的十九届五中全会通过的《中共中央关于制定国民经济和社会发展第十四个五年规划和二〇三五年远景目标的建议》，明确提出“提升公共文化服务水平”，并对推进城乡公共文化服务体系一体建设做出重要部署，要求把农村文化建设同乡村振兴战略和新型城镇化战略有效衔接起来，优化城乡文化资源配置，缩小城乡公共文化服务差距，促进城乡文化协调发展。表2–6是进入城乡全面融合阶段已颁布的农村基本公共文化服务供给重要政策文件及核心内容。

表2-6　城乡全面融合阶段已颁布的农村公共文化服务相关政策及主要内容

年份	文件	内容
2017	《国家“十三五”时期文化发展改革规划纲要》	推进乡镇（街道）、村（社区）综合性文化服务中心建设，完善农村公共文化设施网络
2017	《关于推动数字文化产业创新发展的指导意见》	培育若干社会效益和经济效益突出、具有较强创新能力和核心竞争力的数字文化领军企业，一批各具特色的创新型中小微数字文化企业
2018	《中共中央　国务院关于实施乡村振兴战略的意见》	努力实现乡村两级公共文化服务全覆盖，以完善农村基本公共文化服务网络
2018	《国家乡村振兴战略规划（2018~2022年）》	健全农村的公共文化服务体系，强化农村的公共文化服务供给，推动城乡融合发展。
2020	《2020年新型城镇化建设和城乡融合发展重点任务》	促进城乡公共文化设施联动发展
2020	《国民经济和社会发展第十四个五年规划和2035年远景目标纲要》	统筹发展人民文化需求与人民精神力量，促进社会主义文化强国建设

（三）城乡全面融合发展阶段农村基本公共文化服务的已有产出

中央政府通过逐步加大县及县以下文化单位的投入，持续给予财政倾斜，缓解长期以来的城乡二元经济社会体制机制对农村公共文化建设的限制，缩小公共文化服务的城乡差距。由表2-7可见，2017~2020年，县及县以下文化事业费投入逐年增长，由2017年的457.45亿元提高到2020年的587.28亿元，增长了近30%，并且自2016年以来，国家对县及县以下文化单位的支出总额首次反超县以上文化单位，县及县以下文化事业费在全国文化事业费占比由2016年的51.8%提高到2020年的54%。

表2-7　　2016~2020年全国文化事业费投入情况　　单位：亿元

年份	2016	2017	2018	2019	2020
全国	770.69	855.8	928.33	1065.02	1088.26
县以上	371	398.35	424.96	516.91	500.98
县及县以下	399.68	457.45	503.37	548.11	587.28

数据来源：中华人民共和国文化和旅游部主编的历年《文化发展统计分析报告》。

自2017年以来，国家重点推进公共文化的基础设施建设，具体包括基层综合性文化服务中心的建设、农村文化室的设备购置、农村公共文化设施网络的完善等，这些显著提高了村级综合文化中心功能和利用效率；为解决区域不均等问题，国家加大对贫困地区文化建设帮扶力度，对深度贫困地区安排转移支付资金、对口支援规划资金，实施贫困地区百县万村综合性文化服务中心覆盖等工程，通过这些建设，贫困地区县县配有流动文化车，建成2.7万个村级中心，逐步完善贫困地区的公共文化服务体系；国家通过边疆万里数字文化长廊建设等项目的实施，升级了边疆贫困地区的2778个乡镇基层服务点、12412个数字文化驿站的公共文化服务能力，并通过流动文化车、中西部农村文化志愿服务行动计划等项目的实施，扶持边疆边境地区的公共文化服务发展（见表2–8）。

表2–8　　2017~2020年农村文化建设重要项目

农村文化建设项目	建设任务
基层综合性文化服务中心	统筹建设基层综合性文化服务中心，配套文体广场、文化器材、体育健身设施等
贫困地区公共文化服务体系	财政大力支持贫困地区村级文化建设，每个县都拥有流动文化车
边境地区文化扶持	公共数字文化网络覆盖边境，提升边疆博物馆，鼓励文化志愿者参与边疆活动，支持创建文化产业园，开展跨境文化交流与贸易往来

资料来源：依据《国家“十三五”时期文化发展改革规划纲要》整理。

截至2020年底，农村基本公共文化服务建设取得显著成绩，全国共设有乡镇综合文化站40366个。由于政府重视乡镇文化站的建设，乡镇文化站的人才队伍、活动开展、硬件设施、收入水平提升速度较快，农家书屋、广播电视村村通、乡镇综合文化站建设和农村电影放映等惠民工程也取得了很大的进步。全国艺术表演团体共演出223.20万场，其中国内演出222.66万场，赴农村演出84.26万场；国内观众8.90亿人次，其中农村观众3.26亿人次。全国有575384个行政村（社区）建成综合性文化服务中心，先后公布五批我国重要农业文化遗产名录，数量增加到138个。

第 二 节
我国农村基本公共文化服务建设成效

新中国成立70多年以来，我国农村基本公共文化服务取得了成功的实践经验与理论创新，在满足农村居民基本精神文化消费需求、保障农村居民文化权益、增进文化认同等方面发挥着不可替代的作用。

一、基本公共文化服务财政投入有提高

（一）农村基本公共文化服务投入加大

基本公共文化服务建设离不开政府的资金投入支持，文化事业费投入在一定程度上反映了产出，反映政府对基本公共文化服务发展的重视程度。由表2–9可见，改革开放以后的“六五”到“十三五”期间，文化事业费支出由36.03亿元增加到3620.58亿元，基本上每五年翻一番，绝对规模增长了近百倍。从相对规模来看，文化事业费占财政总支出的比重一直在上下波动，自“十二五”以来呈缓慢上升趋势，“十三五”期间占比达0.43%；文化事业费占GDP的比重从“八五”时期开始转折，在此之前比重大于0.06%，在“九五”时期之后一直呈上升趋势，到2020年达到0.10%。

表2–9　分时期全国文化事业费规模　单位：亿元，%

时期	文化事业费	财政总支出	GDP	占财政总支出比重	占 GDP 比重
“六五”时期	36.03	6952	32227	0.48	0.11
“七五”时期	62.45	13978.3	72550.1	0.49	0.09
“八五”时期	121.33	26092.5	188127.8	0.50	0.06
“九五”时期	254.51	56897.94	392228	0.45	0.06
“十五”时期	496.13	129915.1	661966.9	0.39	0.07

续表

时期	文化事业费	财政总支出	GDP	占财政总支出比重	占 GDP 比重
“十一五”时期	1220.4	318970.83	2380120.4	0.38	0.08
“十二五”时期	2669.62	703076.19	3830133.4	0.38	0.09
“十三五”时期	3620.58	238858.37	990865.1	0.43	0.10

数据来源：GDP来源于国家统计局官网，其他均来自历年《中国文化文物统计年鉴》。

党的十八大以来，文化事业费支出绝对规模增长了近两倍，增速在不同年份略有差异。从区域分布来看，东、中、西部地区文化事业费分别由2012年的211.56亿元、107.78亿元、139.53亿元增长到2020年的491.62亿元、269.78亿元、301.64亿元，中西部地区的文化事业费远低于东部地区（见表2–10）。

表2–10　　　　我国分地区文化事业费总量及占比

年份		2012	2013	2014	2015	2016	2017	2018	2019	2020
总量（亿元）	全国	480.1	530.49	583.44	682.97	770.69	855.8	928.33	1065.02	1088.26
	东部	211.56	231.41	242.98	287.87	33.62	381.71	416.24	478.15	491.62
	中部	107.78	120.01	133.46	164.27	184.8	213.3	232.71	265.31	269.78
	西部	139.53	152.16	171.15	193.87	218.17	230.7	242.93	277.97	301.64
所占比重（%）	东部	44.1	43.6	41.6	42.1	43.3	44.6	44.8	44.9	45.1
	中部	22.4	22.6	22.9	24.1	24	24.9	25.1	24.9	24.8
	西部	29.1	28.7	29.3	28.4	28.3	27	26.2	26.1	27.7

数据来源：2012~2017年数据依据《文化发展统计公报》并整理，2018~2020年数据依据《文化和旅游发展统计公报》并整理。

总体来看，我国公共文化服务领域的政府支出绝对规模在不断提高，还需要持续提高公共文化服务投入在公共支出结构占比的相对规模以及公共文化服务投入的绝对规模，建立相应的融资保障机制：一方面，提高财政资金的利用率，让有限的资源发挥最大的价值，确定具体的投向，保障公共文化服务项目建设投入资金的连续性与灵活性；另一方面，通过优惠政策的实施，对企业与社会团体进行激励，通过政策导向引领社会力量参与，增加农村基本公共文化服务的供给数量与品类，促进供需匹配，提高供给资源的利用效率。

（二）居民文化娱乐消费支出绝对规模增加

近年来，城镇居民人均文化娱乐消费支出呈现波动态势，从2013年的945.7元增长到2017年的1338.7元[①]，2018年有所降低，降为1270.7元，2019年微增到1290.6元，2020年降幅较大，减少到821.8元；农村居民人均文化娱乐消费支出，从2013年的174.8元持续增长到2019年的289.1元，2020年降低为242.2元。从城乡居民人均文化娱乐消费支出的总额来看，历年城镇居民文化娱乐消费支出远高于农村居民文化娱乐消费支出，从人均文化娱乐消费支出的增幅来看，城镇居民也远超农村居民。从城乡人均居民文化娱乐消费支出差距来看，绝对额差距2017年达1077.7元，为近年来最大差额，从相对比例看，近年来城乡居民人均文化娱乐消费支出差距在不断缩小，从2013年的5.4倍下降到2020年的3.4倍（见图2-1）。

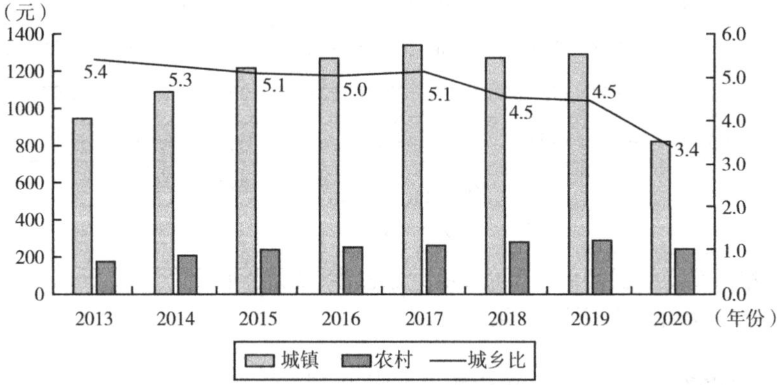

图2-1　2013~2020年城乡居民人均文化娱乐消费支出对比

数据来源：国家统计局开展的城乡住户收支与生活状况调查，并整理。

从居民消费支出结构来看，城镇居民人均文化娱乐消费支出在人均消费支出中的占比，在2018年之前一直在5%以上，近两年有所下降，

① 国家自2013年开始发布居民人均教育文化娱乐消费支出数据。

2018年为4.9%、2019年为4.6%、2020年为3.0%。农村居民人均文化娱乐消费支出在人均消费支出中的比重在2020年之前一直在2.4%左右徘徊，2020年降低为1.8%。结合表2-11和图2-1可见，农村居民在文化娱乐消费支出方面与城镇居民存在一定差距。

表2-11　2013~2020年城乡居民人均文化娱乐消费支出情况　单位：元，%

居民分类	项目	2013年	2014年	2015年	2016年	2017年	2018年	2019年	2020年
城镇	人均消费支出	18487.5	19968.1	21392.4	23078.9	24445	26112.3	28063.4	27007.4
	人均文化娱乐	945.7	1087.9	1216.1	1268.7	1338.7	1270.7	1290.6	821.8
	文化娱乐占消费支出比重	5.1	5.4	5.7	5.5	5.5	4.9	4.6	3.0
农村	人均消费支出	7485.2	8382.6	9222.6	10129.8	10954.5	12124.3	13327.7	13713.4
	人均文化娱乐	174.8	207	239	251.8	261	280	289.1	242.2
	文化娱乐占消费支出比重	2.3	2.5	2.6	2.5	2.4	2.3	2.2	1.8

数据来源：国家统计局开展的城乡住户收支与生活状况调查，并整理。

二、公共文化基础设施有完善

图书馆（室）、文化馆（站）等公共文化基础设施，是开展文化活动的重要平台与载体。基本公共文化服务均等化的目标实现，离不开公共文化基础设施的建设完善。“十三五”末，全国共建成公共图书馆3196个，城市地区的图书馆数字资源总量不止1.55万TB，数字图书馆的虚拟网已经基本建成；共建成博物馆5535个，馆藏数量接近4000万件；共建成文化馆（站）44703个，其中省级、地市级的仅有390个。“十三五”时期，国家建设基层综合性文化服务中心达56万个，并不断完善农村“最后一公里”。“十三五”末，全国有1600个县建设文化馆总分馆制，1705个县建设图书馆总分馆制，纵观全国范围，尚有许多县的总分馆制在筹备和规划中。

从各级公共文化基础设施的使用来看，我国博物馆等文化文物参观场所于2004年开始减免费用，2008年免费开放；此后，全国图书馆、文化馆等相继免费开放。城乡居民可以不付费享受政府创办的文化文物馆提供的公共文化服务，在很大程度上提高了公共文化服务设施的利用率。

从基层乡镇公共文化基础设施建设来看，政府不断加大对乡镇文化站的投入，乡镇文化站的硬件设施得到较大完善。2020年，县级文化馆有2936个，乡镇文化站有32825个。2020年全国乡镇文化站支出为112.21亿元，全国乡镇文化站收入为109.5亿元。从每个文化站的平均硬件水平来看，达3.14人的从业人员规模、7.84台计算机；从平均产出来看，基层每个文化站33.36万元的年收入、每年组织的文艺活动18.68次、每年举办的训练班7.84次、每年举办的展览2.57个。从拥有具体的公共文化场所来看，建有电影放映室的村庄占91.23%，建有电子阅览室、棋牌室的村庄占70.00%，建有综合活动广场的村庄占38.87%，建有图书阅览室的村庄占20.80%。

安徽省，采取盘活存量、调整置换、集中利用等方式整合农村祠堂、闲置校舍等设施资源，在全省建设集宣传文化、党员教育、科技普及、普法教育、体育健身等多功能于一体的村级综合性文化服务中心，并形成“一二三四”（一场、两堂、三室、四墙）、“七个一”（一个1000平方米广场、一个90平方米文化活动室、一个简易戏台、一个宣传栏、一个文化器材、一个广播器材、一个体育器材）、“八个有”（有广场、有活动室、有宣传栏、有图书、有文体器材、有数字文化服务、有文艺团队、有特色活动）高中低三类建设指导标准，精细化指导省内各地因地制宜建设推进。截至2020年底，安徽省已建成行政村综合文化服务中心14480个，覆盖率达96%。[①]

笔者所在的蚌埠市，全市现有图书馆8个。其中，一级馆1个（五河县图书馆），二级馆1个（固镇县图书馆），三级馆1个（蚌埠市图书馆，现扩建达到二级馆标准），达到三级馆的4个（怀远县、龙子湖区、禹会区、淮上区图书馆），改建图书馆1个（蚌山区图书馆），达到三级馆以

① 数据来源于安徽省文化和旅游厅年度工作报告。

上标准，正在进行装修。全市拥有文化馆8个。其中，一级馆5个（蚌埠市、五河县、龙子湖区、淮上区、固镇县文化馆），二级馆2个（怀远县、禹会区文化馆），无等级馆1个（蚌山文化馆）。全市75个乡镇（街道）综合文化站经资源整合，全部升级为综合文化服务中心，市政府为每个乡镇综合文化服务中心配置了线下文化艺术资源一体机，安装了客流统计设备。新建社区共享书屋22个、共享阅读点20个。截至2020年底，全市建成村级综合文化服务中心1060个，覆盖率达97.07%。"城市一刻钟、农村半小时"的市县乡村四级公共文化设施网络基本形成。[①]

三、公共文化服务人才有提升

有效发挥公共文化基础设施的功能，根本上在于公共文化服务人才的管理与组织。农村基本公共文化服务的先锋站和桥头堡是乡镇文化站，其从业人员的专业能力决定着乡镇文化站为广大农村居民提供公共服务功能的发挥。

由表2–12可见，党的十八大以来，乡镇文化站数量变化不大，近年来维持在33000个左右；从业人员和专业技术人员数量呈现缓慢上升的趋势，截至2020年，从业人员达102963人，专业技术人员占从业人员的比重为29.43%，相比于"十二五"时期的比重总体有所提高，近几年保持在28.50%以上。

表2–12　　2012~2020年乡镇文化站数量及人员情况

年份	机构数（个）	从业人员（人）	专业技术人员(人)	专业技术人员占比(%)
2012	34101	83676	20436	24.42
2013	34343	87922	22231	25.28
2014	34465	93307	24463	26.22
2015	34239	95939	26121	27.23
2016	34240	101970	29836	29.26
2017	33997	100216	28662	28.60
2018	33858	104924	30087	28.68

① 数据来源于《蚌埠统计年鉴》。

续表

年份	机构数（个）	从业人员（人）	专业技术人员(人)	专业技术人员占比(%)
2019	33530	109630	31254	28.51
2020	32825	102963	30298	29.43

数据来源：历年《中国文化文物统计年鉴》，并整理计算。

除了乡镇文化站外，农村基本公共文化服务供给的重要场所还有县文化馆，相关从业人员主要负责设施建设和保养、定期或不定期举办公共文化活动。由表2-13可见，近年来，县文化馆数量于2015年达到最高峰，有2037个，其他年份都维持在1600个以上，相应地，从业人员数量在2015年前是增加态势，2015年后一直在减少。从历年从业人员的专业技术职称来看，拥有专业技术职称的从业人员比重在逐年递增，由2012年的33.1%增长到2020年的42.2%；从历年从业人员专业技术职称构成来看，副高级与正高级职称人员在专业技术职称人员中占比逐年递增，由2012年的17%增长到2020年的22.9%，副高级与正高级职称人员在全部从业人员中的比重虽逐年攀升，由2012年的5.6%提高到2020年的9.7%，仍不足10%，这也意味着农村公共文化服务专业人才队伍尚待进一步提升。

表2-13　　2012~2020年县文化馆从业人员专业技术职称情况

年份	机构数（个）	从业人员（人）	正高级职称(人)	副高级职称(人)	中级职称（人）
2012	1668	22606	152	1117	6220
2013	1671	23534	157	1245	6683
2014	1666	23479	164	1336	6723
2015	2037	30264	271	2049	9109
2016	1630	22766	171	1467	6836
2017	1615	22278	165	1534	6777
2018	1613	22018	180	1642	6789
2019	1604	21540	199	1752	6782
2020	1595	21282	172	1889	6920

数据来源：历年《中国文化文物统计年鉴》，并整理计算。

笔者所在的安徽省，为提高公共文化服务人员数量与质量，还配置了由公共财政补贴的文化协管员和文物协管员试点岗位2894个，实现村级公共文化设施“有人办事”和文物保护单位“有人保护”；并通过三年时间，在全省内选拔培育了万名“村级文化带头人”，充分发挥农民群众的主体作用和先进典型的示范带动作用；激励和发挥16000多名群众文化辅导员作用，面向贫困乡村等基层单位开展志愿辅导服务。[①]

四、公共文化服务惠民项目有推进

农家书屋工程在2003年被提出，2005年试点，2007年推进，2009年进一步推进，2012年普及全国。农家书屋作为在行政村设立的、能提供各类书籍报刊和电子音像阅读视听条件的、地方自主管理的公益性文化设施，是当前农村公共文化服务必不可少的基础设施，村民可以通过观看视频、下载电子读物等方式满足文化消费需求，在保障农民基本文化权益、巩固农村思想文化阵地中发挥着重要作用。目前我国农家书屋村村有目标已经基本实现，截至2020年底，全国共建设农家书屋58.7万多家，覆盖了全国有基本条件的行政村，累计配送图书超过12亿册[②]，其中，有16.7万家农家书屋进行了数字化建设。

1998年开始实施的广播电视“村村通”工程，解决了广播电视信号覆盖盲区问题，让农村居民及时获取信息，与时俱进。2010年底，20户以上已通电的自然村，已经全部实现通广播电视。表2-14是2012~2020年含农村地区的广播电视节目人口覆盖率，由表可见，2012年，我国的广播电视节目人口覆盖率达到95%以上且一直呈现上升趋势，到2020年末，农村广播和农村电视的人口覆盖率分别达到99.17%、99.45%，基本实现全覆盖。

① 数据来源于安徽省文化和旅游厅工作报告。

② 周洪双，刘亦可.二〇二一“新时代乡村阅读盛典”在四川举行［N］.光明日报，2021-10-17.

表2-14　　2012~2020年广播电视节目（农村）人口覆盖率

年份	广播节目综合人口覆盖率（%）	农村广播人口覆盖率（%）	电视节目综合人口覆盖率（%）	农村电视人口覆盖率（%）
2012	97.51	96.60	98.20	97.55
2013	97.79	97.00	98.42	97.86
2014	97.99	97.29	98.60	98.11
2015	98.17	97.53	98.77	98.32
2016	98.37	97.79	98.88	98.49
2017	98.71	98.24	99.07	98.74
2018	98.94	98.58	99.25	99.01
2019	99.13	98.84	99.39	99.19
2020	99.38	99.17	99.59	99.45

数据来源：历年《中国统计年鉴》。

“2131工程”，即农村电影放映工程，该项目通过做好农村电影放映工作，从而丰富农村居民文化生活，在广大农村地区实现“一村一月放映一场电影”的目标。截至2010年，“一村一月放映一场电影”的目标基本实现。2015年开始，伴随着数字技术和数字服务在农村地区的普及应用，国家鼓励农村数字放映，农村电影放映工程的便捷性和覆盖率得到大幅提高，公共文化服务的“最后一公里”被打通。2017年开始施行的《中华人民共和国电影产业促进法》，提出加大扶持农村电影放映力度，满足农村居民观看电影的需求。截至2020年末，全国农村拥有数字电影院线增长为333条，地面卫星接收站219个；农村网民人数增加至3.09亿，占总体网民的68.7%，农民也是上网的主力。“推动农村电影放映优化升级”已被纳入“十四五”规划中，如今全国有4.7万支农村数字流动电影放映队，可供订购影片4300余部，这些都有效丰富了农村居民精神文化生活。

在城乡融合进程中，伴随着农民受教育程度的提高、维权意识的增强，农民的公共文化服务认知水平在不断提高，对于公共文化服务的需求更复杂、更丰富，政府相应供给压力也随之增加，但仍要在保证数量、质量达标的前提下，去满足农村居民的基本公共文化服务诉求。

第三节　我国农村基本公共文化服务供给尚存问题

新中国成立以来，我国农村基本公共文化服务取得了一些成效，但由于长期以来的重经济发展、轻文化建设的倾向，农村基本公共文化服务供给还存在与农村经济社会发展、农村居民精神文化需求等不相适应的问题。

一、农村基本公共文化服务投入不足

基本公共文化服务的非竞争性和非排他性，意味着其供给有赖于政府财政投入，充足而稳定的财政投入是农村基本公共文化服务发展的物质保障。由表2-9可见，改革开放以后的“六五”到“十三五”期间，文化事业费占财政总支出的比重，一直在上下波动，自“十二五”以来有缓慢上升，但直到“十三五”期间仅有0.43%；文化事业费占GDP的比重，从“六五”到“八五”时期不断降低，从0.11%降至0.06%，此后一直处于上升态势，直到“十三五”期间仅有0.10%。各级财政对农村公共文化的投入，与文化发展需求之间仍有不小差距。

总的来看，我国的公共文化服务支出规模在不断扩大，仍需要持续扩大公共文化服务投入经费的绝对规模和相对规模，建立相应的融资保障机制：一方面，提高财政资金的利用率，让有限的资源发挥最大的价值，确定具体的投向，保障公共文化服务项目建设所需资金的连续性与灵活性；另一方面，对企业与社会团体进行激励，通过实施税收减免或财政补贴等优惠政策，引导企业与社会组织积极参与到农村公共文化建设之中，进而增加农村公共文化服务供给的数量与品类，促进供需匹配，提高供给效率。

二、农村基本公共文化服务供需失衡

农村基本公共文化服务供需矛盾突出，相较于农村居民快速增长的精神文化需求，农村基本公共文化服务“有效供给”相对不足，还存在供需结构不对接等问题。

（一）供给侧问题

（1）无效供给问题。

一方面，政府组织实施了农家书屋、农村电影放映等文化惠民活动，但农村居民业余时间参与较少；另一方面，不少农村地区的基本公共文化设施存在“重设施建设、轻管理使用”问题，许多公共文化设施因缺乏后期维护和管理，而处于长期闲置状态。

（2）供给不足与供给过剩并存。

在公共文化服务由政府供给的主流格局下，政府缺乏对农村居民综合素质的关注，致使未能根据农村居民需求进行公共文化服务供给。在政府组织的公共文化服务培训中，大多是政策普及类，极少有人文类培训，而农村居民最迫切需要的与农业增产增收相关的知识培训比较匮乏。公共文化设施建设相对滞后，文化场馆难以发挥引领农村居民思想、行为等作用。

（3）供给碎片化。

农村基本公共文化服务供给的碎片化具体呈现为跨部门和跨地区供给碎片化。一方面，对于农村基本公共文化服务的管理，从国家层面来看，涉及农业农村部、文化和旅游部、国家发改委等多个政府部门，各部门根据专业化分工履行职能，对种类繁多的农村基本公共文化服务进行沟通、协调、建设，实践中存在条块分割明显、资金重复投入建设等问题；另一方面，县、乡、村三级公共服务场馆之间管理割裂，如县级层面的公共图书馆，实施总馆对分馆管理的总分馆制，而乡镇、村级的公共图书馆阅读服务功能，被分派到文化站、农家书屋，两者之间并没有总分馆间紧密的联系，两者与县文化馆也没有直接联系，致使农村居民阅读需求的满足受到三者的限制，也需要耗费更多的成本。

（二）需求侧问题

（1）农村居民公共文化需求表达不足。

一方面，农村居民表达公共文化服务需求的意识比较薄弱，普遍存在被动接受政府给予的文化输送。其主要原因在于农民主体文化素养偏低、参与活动意识不强，一直以来的“小富即安”思想，造成农民欠缺参与公共文化建设的积极性。特别是我国中西部农村地区，普遍存在青壮年外出务工、老幼留守的人口结构，受教育程度和精力水平的限制，留守的老幼人员对农村基本公共文化服务的需求，难以有效表达。同时由于文化水平有限，看电视、玩扑克牌等便利性和娱乐性较强的文体活动广受农民青睐，而涉及自身发展的公共文化服务，却不受偏好。另一方面，政府与农村居民之间的沟通途径狭窄，农民的需求表达渠道尚未打通，需求表达存在障碍。从政府视角来看，很难征集到农民对于公共文化的真实需求，从而难以掌握农民有效的需求动向。

（2）农村居民公共文化需求内容差异大。

以政府为主导的公共文化服务供给，通常基于诚信原则，并假设农村居民文化需求没有差异，但就个人的意识和需求而言，会存在显著异质性。从政策层面来看，政府的公共文化服务供给决策具有强大的自上而下的行政命令性，缺乏与农村居民之间的有效沟通。此外，对于不同地区农民存在的公共文化服务需求差异重视不够，致使相应资金投入效果不佳。有些地区历史文化底蕴丰厚，由于基层政府“重经济投入、轻文化建设”，致使农村的非物质文化遗产未能得到有效保护，存在一定程度破坏遗失，具有区域特色的满足农村居民文化需求的公共文化服务面临消亡的风险。

三、农村公共文化设施配置不合理

公共文化服务设施方面，一直存在完善度不高、资源利用率低等问题，尤其是广大农村地区，投入不足导致产出缺乏，而既有产出的利用率又低下，进而陷入恶性循环。2019年4月，中共中央、国务院发布《关于建立健全城乡融合发展体制机制和政策体系的意见》，明确要求要逐步推进公共服务和基础设施城乡均等化，其中，实现城乡公共文化服务均等化，关键在于公共文化服务设施配置的均等化，而现有农村公共文化服务设施的完善度、利用率以及分配状况都有待进一步优化。

农村基本公共文化设施总体利用率不高。首先，村庄拥有的老年人活动中心、图书阅览室、戏台等公共文化设施种类较为单一。据统计，现仅有不足50%的村庄拥有1~2类公共文化设施，且公共文化设施的使用率普遍不高。农民多样化的公共文化需求较难得到满足。其次，由于村庄分布较分散，农村居民自发组织的公共文化活动较少，政府斥巨资建设的综合活动广场利用度不高，还导致了土地资源闲置与浪费。

农村基本公共文化设施建设较分散。2015年初，中办、国办联合印发了《关于加快构建现代公共文化服务体系的意见》（中办发〔2015〕2号），提出“打通公共文化服务‘最后一公里’”，此后各地区出台地方性意见，打造农村“30分钟文化圈”、农村“十里文化圈”等。通过居民前往文化场馆所需时间，可以推断出设施的基本位置，根据现有研究及实地调研发现①，有一半左右农村居民前往文化场馆花费时间在15分钟以上，有三成左右农村居民所需时间在30分钟以上。由此可见，大部分农村居民参加文化活动不太方便，时间成本较高，文化设施建设布局有待改进。

农村互联网、有线电视等公共文化设施覆盖率尚待提高。伴随着财政投入的逐年增加，广播电视、农家书屋等硬件设施不断完善，基本实现农村全覆盖，但互联网、有线电视等在农村地区覆盖率不高，尽管国家已经建设了公共线路，村庄可以连接网络和有线电视，但受村庄“空心化”以及网络信息费用较高且是农户自费承担等因素影响，农村居民的网络入户需求较低，互联网和有线电视的实际覆盖率不高。根据董帅兵、邱星（2021）研究，互联网对村内农户覆盖率在80%以上的村庄仅

---

① 陈庚，崔宛.乡村振兴中的农村居民公共文化参与：特征、影响及其优化——基于25省84个行政村的调查研究［J］.江汉论坛，2018（11）：153-160.

有6.54%，实现有线电视全覆盖的村庄仅有32.95%。

四、人才聘用、留用和管理机制不完善

受工资水平较低、职业发展空间有限、工作环境艰苦等诸要素的影响制约，公众对于农村公共文化服务的从业意愿不高，而在有限的农村公共文化服务的从业人员队伍中，拥有专业技术水平的人员更是少之又少，且相关从业人员的稳定性不强，我国农村基本公共文化服务人才匮乏。基层公共文化服务缺失从业人员、专业技术人才，农村出现了“空心化”“老龄化”和“内卷化”等现象。农村地区人才留用机制不完善，文化部门缺乏人力、物力、财力和吸引力，人才招不来也留不住。农村公共文化服务从业人员素养较低、专业性不足、不懂得文化再生产，进行文化再生产所需要的人才稀缺。

从公共文化服务专业技术人员视角看，面临招聘不来或挽留不住合适人才的问题。基层政府因为财政较困难，对于公共文化服务单位的财政投入更为紧张，因此，相关单位建设不健全、相关工作人员兼任任务过多，以致从事公共文化服务人员的工作积极性主动性较为欠缺。同时，大批农村中青年劳动力受城市高薪与城市较完善的公共服务所吸引，进而走出乡村进城务工，致使农村公共文化服务人才大量流失，也使得民间传统技艺面临无人传承的困境。有一些地区，通过返聘退休老干部和教师来充实农村公共文化服务队伍，但又存在工作创新性不足的问题。

从公共文化服务管理人员视角看，工作人员管理效率偏低、服务效能不高。管理人员的服务意识较为淡薄，强化公共文化建设负担，忽视公共文化服务责任，存在服务保障措施不健全、执行相关法制不到位的现象。此外，公共文化服务管理，缺乏全面完整规划，相关涉农文化管理部门间的条块分割明显，又存在职能重叠，导致重复投入与投入不足并存。管理部门之间统筹协调的缺乏，极大地降低了农村公共文化服务投入的使用效率。

第三章 农村基本公共文化服务供需现状案例分析

依据供需关系理论，供给与需求是对立统一的关系，相互依存并互为前提。因此，只有在充分了解农民真实需求的基础上，以此为导向，农村公共文化服务供给与需求才可能有效匹配，供给才最为有效。本章在实地调查的基础上，主要以安徽、湖北等调研数据为依据，对农村公共文化服务需求现状、供给现状、供需契合状况等进行剖析。

第一节 调查数据收集与数据描述

本节主要对调查问卷的对象、设计过程、问卷内容以及数据获取过程进行简要介绍，为供需状况及满意度分析奠定基础。

一、调查问卷

（1）调查问卷的对象。调查目的在于，从农村居民公共文化需求视角出发，研究农村公共文化服务需求现状、供给现状、供需结构差异性等，为优化农村公共文化服务供给决策提供参考。依据调查研究需要，调查对象分为两类：一类是较发达地区农民，主要包括安徽省合肥市肥东县、湖北省荆州市荆州区的农村居民；另一类是欠发达地区农民，主要来自贵州省铜仁市德江县，针对这两类地区的调查对象进行了问卷调查。

（2）调查问卷的设计。在文献研究的基础上，明确了农村基本公共文化服务需求和供给的主要衡量指标，据此进行操作化的描述。明确地方政府和其他组织提供的公共文化服务项目，力求采用通俗易懂的词汇反映各主要指标，编制初始问卷。通过征询中南财经政法大学、上海财经大学等相关专家的意见与建议，对问卷部分概念与内容进行了详细修改，对问卷部分选项进行增删，增强了问卷的可读性和易识性，形成最终版问卷。

（3）调查问卷的内容。正式调查问卷由四个部分组成（见附录）：第一部分是基本信息调查，共6个调查问项，主要对调查对象的性别、职业、年龄、文化程度、家庭收入和政治面貌进行调查；第二部分是农村基本公共文化服务需求情况调查，共6个调查问项；第三部分是农村基本公共文化服务供给状况调查，共13个调查问项；第四部分是农村公共文化服务供给满意度调查，共10个调查问项。

二、数据收集

（1）样本来源。采用分层抽样的方法，以安徽、湖北和贵州的3个县级区域为主，抽取800位农户。样本主要来自安徽省、湖北省和贵州省，并涉及江苏、广东、内蒙古、广西、河南等十个省区。之所以选取安徽、湖北、贵州农村公共文化服务供给状况作为典型样本点，主要基于经济地理空间区域具有代表性的考虑。我国整体划分为东、中、西部三大经济地理区域。各区域在经济发展水平、农民经济收入与文化生活水平等方面都存在较大差异。东部地区属于发达地区，是经济社会文化发展最好的区域，农村基本公共文化服务的供给水平相对较高。中部地区属于中等发达地区，农村基本公共文化服务供给处于中等水平，发挥承东启西的桥梁作用。西部地区属于欠发达区域，经济社会文化发展水平较低，农村基本公共文化服务供给水平较落后。安徽省、湖北省作为中部代表性省份，贵州省作为西部代表性省份，以此所展开的调查，具有一定代表性和典型性。

（2）数据调查过程。原计划全部通过大学生寒暑期社会实践活动，采取入户调查方式进行问卷调查，由于新冠肺炎疫情的暴发与疫情防控要求，最终采取线上发放问卷与入户调查相结合的方式进行调查。其中，线上调查，通过县（区）级政府文化和宣传部门工作人员向乡镇政府工作人员投放问卷与指导填写，再由乡镇政府工作人员向村干部、村民发放与指导填写；入户调查，挑选生源地为农村地区的经济学专业学生16名，利用寒暑假时间，在遵守当地疫情防控规定的前提下，实施入户访谈与调查。

（3）问卷回收。课题组共发放调查问卷样本800份，收回728份，剔除不合格问卷，收回有效问卷660份，问卷有效率为90.7%（见表3–1）。

表3–1　　发放、回收和有效样本基本情况

类别	调查对象	发放数	回收数	有效样本	有效率
总计	农村居民	800	728	660	90.7%

三、数据描述

（一）抽样区域样本来源和样本分布情况

样本主要来源于经济较发达区域的安徽省合肥市肥东县、湖北省荆州市荆州区，经济欠发达区域的贵州省铜仁市德江县三个县（区），这些县（区）地理位置不同，地形地貌存在较大差异，抽样区域样本来源和样本分布情况如表3–2所示，可见肥东县、荆州区和德江县回收样本的有效率较高。

表3–2　　抽样区域样本来源和分布情况

县别	肥东县	荆州区	德江县	其他
所属省份	安徽	湖北	贵州	九省
地理位置	中部	中部	西部	
地理特征	平原	平原	山地	

续表

县别	肥东县	荆州区	德江县	其他
回收问卷	238	149	231	110
有效问卷	220	135	209	96
样本有效率（%）	92.4	90.6	90.5	87.3

（二）调查对象描述性统计

（1）样本性别构成（见表3–3）。在有效调查样本中，男性农村居民为312人，有效百分比为47.3%；女性农村居民为348人，有效百分比为52.7%。男女性别比为0.9∶1，调查数据显示，男女比例大致协调。

表3–3　　调查对象的性别构成

变量	性别	样本数	有效百分比（%）
有效	男	312	47.3
	女	348	52.7
	合计	660	100

（2）样本职业构成（见表3–4）。在有效调查样本中，务农105人，占比15.9%；务工294人，占比44.5%；个体户或自由职业者72人，占比10.9%；学生66人，占比10%；其他123人，占比18.7%。调查数据显示，在有效调查样本中，农村居民主要从事务工工作。

表3–4　　调查对象的职业构成

变量	职业	样本数	有效百分比（%）
有效	务农	105	15.9
	务工	294	44.5
	个体户或自由职业者	72	10.9
	学生	66	10.0
	其他	123	18.7
	合计	660	100

（3）样本年龄构成（见表3–5）。在有效调查样本中，20岁及以下

农村居民81人，占比12.3%；21~30岁农村居民168人，占比25.4%；31~40岁农村居民195人，占比29.5%；41~50岁农村居民150人，占比22.7%；51~60岁农村居民57人，占比8.6%；60岁以上农村居民9人，占比1.5%。调查数据显示，在有效调查样本中，以20~60岁成年人为主要调查对象。

表3–5　　调查对象的年龄构成

变量	年龄	样本数	有效百分比（%）
有效	20岁及以下	81	12.3
	21~30岁	168	25.4
	31~40岁	195	29.5
	41~50岁	150	22.7
	51~60岁	57	8.6
	60岁以上	9	1.5
	合计	660	100

（4）样本文化程度构成（见表3–6）。在有效调查样本中，小学以下文化程度的有6人，占比0.9%；小学文化程度的有12人，占比1.8%；初中文化程度的有387人，占比58.6%；高中（含中专）文化程度的有129人，占比19.6%；大专及以上文化程度的有126人，占比19.1%。调查数据显示，调查对象文化程度绝大多数是初中和高中（含中专）学历，符合农村居民文化程度现状。

表3–6　　调查对象的文化程度构成

变量	文化程度	样本数	有效百分比（%）
有效	小学以下	6	0.9
	小学	12	1.8
	初中	387	58.6
	高中（含中专）	129	19.6
	大专及以上	126	19.1
	合计	660	100

（5）调查对象家庭年人均纯收入状况（见表3–7）。在有效调查样本中，家庭年人均纯收入8000元以下有9人，占比1.4%；家庭人均纯收入在8000~12000元有184人，占比27.9%；家庭年人均纯收入在12000~20000元有172人，占比26.1%；家庭年人均纯收入在20000~40000元有236人，占比35.8%；家庭年人均纯收入在40000元以上有59人，占比8.8%。调查数据显示，2020年末，调查对象家庭都实现小康生活。

表3–7　　调查对象家庭年人均纯收入情况

变量	家庭人均纯收入	样本数	有效百分比（%）
有效	8000元以下	9	1.4
	8000~12000元	184	27.9
	12000~20000元	172	26.1
	20000~40000元	236	35.8
	40000元以上	59	8.8
	合计	660	100

（6）调查对象政治面貌构成（见表3–8）。在有效调查样本中，中共党员258人，占比39.1%；共青团员186人，占比28.2%；群众216人，占比32.7%。

表3–8　　调查对象的政治面貌构成

变量	政治面貌	样本数	有效百分比（%）
有效	中共党员	258	39.1
	共青团员	186	28.2
	群众	216	32.7

第二节 农村居民公共文化服务需求状况分析

一、农村居民参加文化娱乐方式的情况

调查数据表明，农村居民比较喜爱、参加较多的文化娱乐方式，排在前三位的分别是看电视、上网和打牌，其中，55%的被调查者选择看电视，55%选择上网，45%选择打牌，其他娱乐方式从高到低依次是读书看报、看戏、听广播、其他等（见图3-1）。其中，从最受农民喜欢参加最多的娱乐方式看电视来看，被调查者经常观看的电视栏目，由高到低依次是生活类、政策法规类、技能培训类、综艺类、农业科技类、文化教育类等。可见，农村居民文化娱乐方式较有限，可选性较少，文化娱乐偏好较为集中。

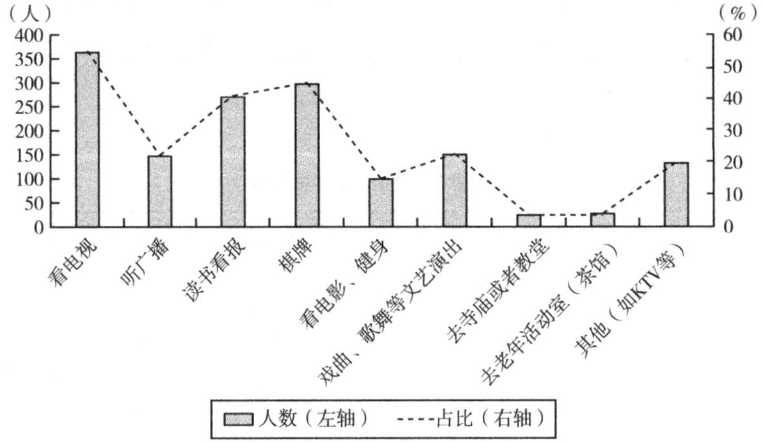

图3-1 受访者主要的娱乐方式分布状况

注：本项调查为多选题。

二、农村居民经常参加的公共文化活动情况

调查数据表明，90%以上农村居民都会参加村里组织的公共文化活动，参与的频次有别（见图3–2），每次都参加的占比约16.4%，参与次数中等及以上占比近60%。农村居民经常参加的公共文化活动主要有电影下乡活动、传统节日活动和群众歌舞活动，这三项活动占比分别为35.9%、25.9%和25.9%（见图3–3）。问卷显示，农村居民对电影下乡活

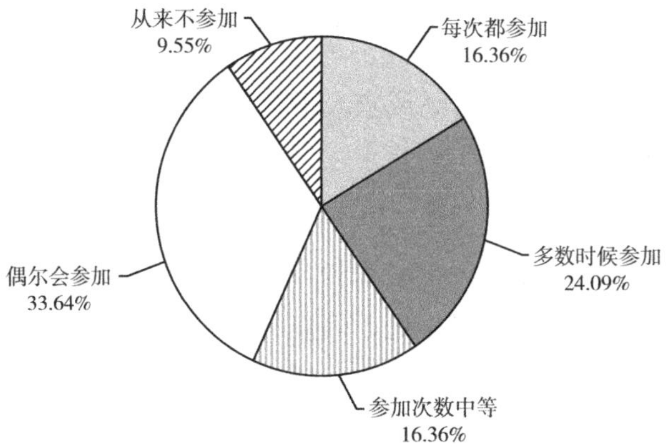

图3–2 受访者参加村里组织的公共文化活动频次情况

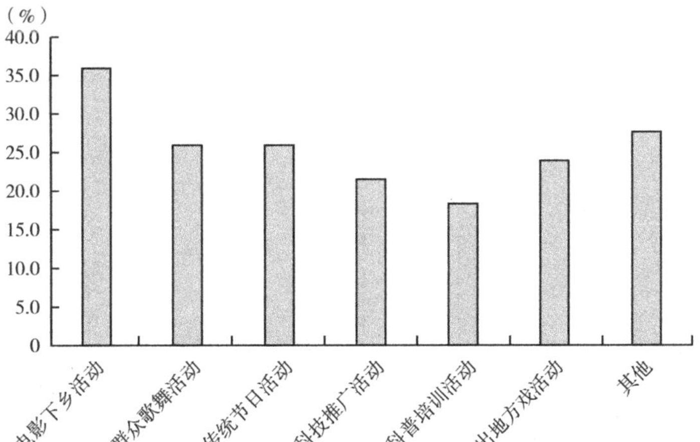

图3–3 受访者经常参加的公共文化活动及分布状况

注：本项调查为多选题。

动和演出地方戏活动有较高参与度，对传统节日活动很感兴趣，而对科普培训、科技推广等活动参与较少，通过与农村居民访谈发现，并不是农村居民没有这些类型需求，而是实际上这些类型公共文化服务供给也相对较少，多数农村居民并不能经常参与。从对“您喜欢下列哪些类型的文化活动”的回答来看，农村居民对文化娱乐类活动偏好最大，占比80.9%，对法制教育类和科学普及培训类活动有较大偏好，占比分别为50.5%和55.9%。

三、农村居民对农村公共文化设施的利用情况

调查数据表明，农村居民或家人平常利用较多的公共文化设施，主要是有线电视、体育设施、农家书屋、文化广场和多功能活动室，占比分别为39.5%、27.7%、27.3%、26.8%和23.2%，其他公共文化设施利用情况的占比都较低（见图3–4）。农村公共文化设施利用率低主要有三种情况：一是农民有需求但设施处于瘫痪状态，如戏楼和电影放映室，由于缺乏固定管理人员，相应设施没有得到后期管理与维护，没有排戏与影片的更新；二是农民有需求但设施的使用不便利，如综合服务站，在交通不发达地区，农民基本不用这类设施；三是设施管理收费较高，如公共网吧。可见，农村公共文化设施一方面存在短缺，另一方面利用率

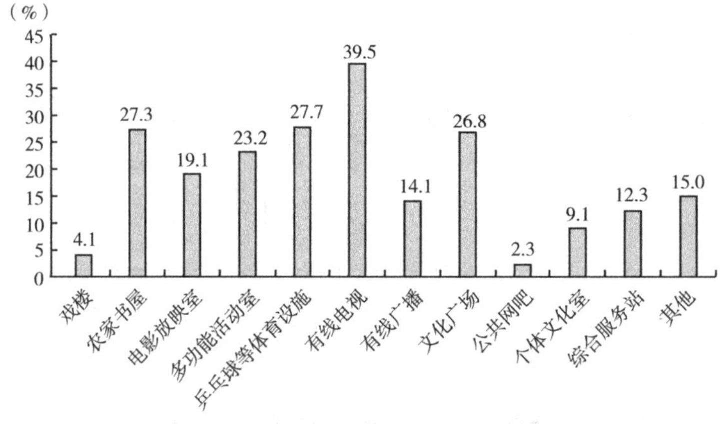

图3–4　受访者公共文化设施的利用情况

注：本项调查为多选题。

较低，公共文化服务供给效率有待提高。

四、农村居民文化产品的消费支出情况

调查数据表明，如果有商业性演出，不愿意或不太愿意花钱去消费的农村居民不足40%，一方面说明农村居民生活水平在提高，另一方面说明农村居民文化消费需求旺盛。农村居民每月用于文化方面的开支在100元以上的占比近50%，50元以上的占比近80%，说明绝大多数农村居民愿意为购买书报、看电影、上网等项目进行支出。其中，愿意为看电影进行支出的占比最高，为50.9%，购买数字电视频道、购买文艺书刊、上网以及购买体育器材，也是农村居民愿意进行消费支出的主要文化项目（见图3–5）。

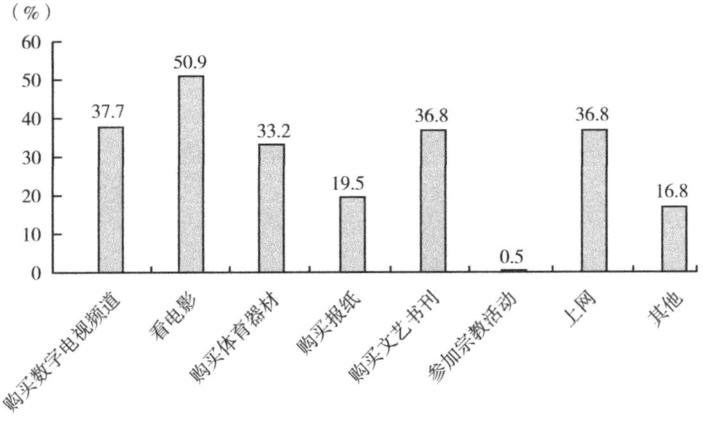

图3–5　受访者愿意进行的文化消费支出项目

注：本项调查为多选题。

总的来看，农村居民对农村公共文化活动需求旺盛，需求呈现多元化趋势，其中放电影、组织文艺演出、组织农技知识培训三项公共文化服务活动的需求比重较高。农村居民对农村公共文化服务设施需求旺盛，农民对有线电视、体育设施、农家书屋、文化广场和多功能活动室等文化设施具有强烈的需求。伴随着农村经济的发展和农民收入的提高，农民公共文化服务需求不再局限于免费获取的公共文化服务，需求

层次呈现高级化趋势。从调查来看，61%的农村居民表示愿意花钱去看商业性演出，以丰富自身的精神文化生活。调查结果显示，农村居民对公共文化服务供给主体的选择，呈现多元偏好。改革开放以来，伴随着文化体制改革的推进，农村公共文化服务供给主体呈现多元化，农民对公共文化服务供给主体的选择也呈现多元偏好，其中，企业和社会组织能够较好地反映农村居民的文化需求，提供的公共文化产品和服务也日益丰富，所提供的公共文化服务越来越受到农民偏爱。在回答“您最喜欢接受什么组织提供的农村公共文化服务？”时，农民偏好的公共文化服务依次是：乡镇政府免费提供的文化服务、村委会提供的文化服务、村民自发的文化服务、社会团体提供的文化服务以及企业提供的文化服务（见图3-6）。

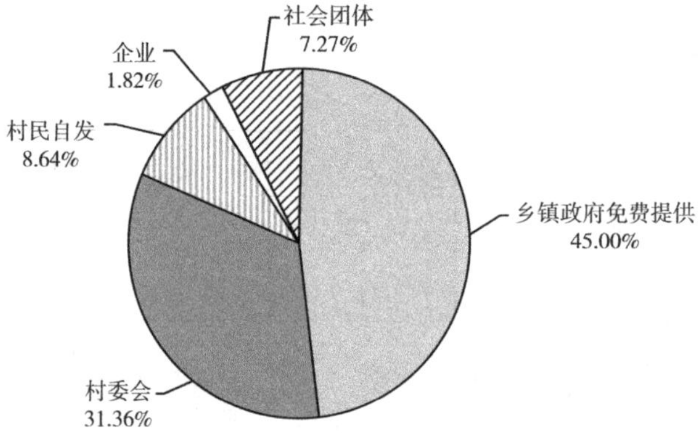

图3-6　受访者对公共文化服务供给主体的选择

针对当前农村居民文化需求实现程度不高、需求呈现的新特点，要实现农村公共文化服务供需均衡，首先需要树立以农民需求为导向的供给理念，其次供给内容需要反映农民文化需求发展趋势，同时发挥政府、市场和社会各自优势，调动多元主体供给的积极性，用多元化供给回应和满足农民多样化的文化需求。

第三节
农村基本公共文化服务供给状况分析

一、农村公共文化活动开展情况

调查显示，农村最经常举办的公共文化活动是放电影，35.91%的受访者表示近期内村里开展过这项活动。相较于其他形式的公共文化活动，放电影活动具有易组织、成本低、适用人群范围广的特点，成为举办程度最高、农村居民参与度最高的公共文化活动。科普培训、科技推广、演出地方戏和其他活动的开展频率居中，比例分别为18.3%、21.5%、23.9%、27.6%。篮球比赛等体育活动的开展率偏低，仅有6.36%的村庄近期开展过体育活动。另外，还有19.5%的受访者表示，所在村庄近期并未开展集体文化活动（见图3-7）。综上所述，农村公共文化活动供给类型日益多样化，更偏向于供给容易组织且花费较低的文化活动，未充分体现以农村居民需求为第一的提供原则，甚至部分村庄文化场地有而不用，公共文化活动供给效率不高。

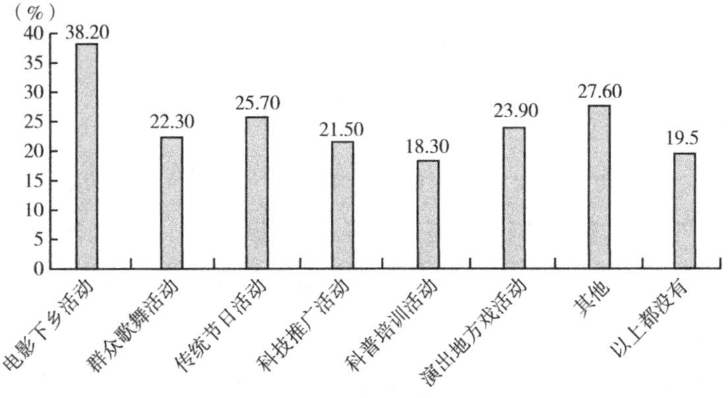

图3-7　农村举办的公共文化活动及分布状况

二、农村公共文化设施供给情况

得益于近些年的文化惠民工程建设，农村地区的公共文化设施建设已取得初步成效。根据调查，农村较为常见的公共文化设施包括有线电视、篮球乒乓球等体育设施、农家书屋、文化演出广场和多功能活动室，覆盖比例分别为46.36%、44.55%、44.09%、41.36%、41.36%。部分地区还建有有线广播、综合服务站、电影放映室、公共网吧、戏楼等较为先进高端的文化设施，覆盖比例分别为23.18%、22.27%、27.27%、10.91%、7.27%。我国农村公共文化设施，供给较为多样化，但覆盖比重存在差异。此外，有线电视作为农村分布最广泛的文化设施，覆盖比例仅为46.36%，不足半数，这意味着我国农村的公共文化设施，仍需要持续加大建设力度。从更深层次剖析文化设施的覆盖比例差异化，笔者认为最大的原因在于成本限制，鉴于此，体育设施、农家书屋、文化广场、多功能活动室、有线电视等这类文化设施，使用寿命较长或包容性强，覆盖面相对较广，而公共网吧、戏楼等，这类较高端文化设施，或维护成本高或专用性较强，致使覆盖率相对偏低。

表3–9　农村基本公共文化设施及分布状况　单位：%

	戏楼	农家书屋	电影放映室	多功能活动室	体育设施	有线电视	有线广播	文化广场	公共网吧	个体文化室	综合服务站	其他等
拥有	7.27	44.09	27.27	41.36	44.55	46.36	23.18	41.36	10.91	14.55	22.27	23.18
常用	4.09	27.27	19.09	23.18	27.73	39.55	14.09	26.82	2.27	9.09	12.27	24.09

三、农村公共文化服务人员配备状况

对于开展农村基本公共文化服务最需要的条件，受访者认为包括资金保障、文化人才、文化设施等。调查数据显示，在众多农村居民对加强农村公共文化建设的建议中，“加强农村文化骨干培养”作为一项建议，占比近60%，进一步说明，农村公共文化服务从业人员配备的缺乏，尤其是高水平公共文化服务骨干人才更为缺失。对于基层政府提供的公共文化服务，25.9%的受访者表示很满意，27.3%的受访者表示比较满意，而近一半农村居民对于基层政府提供的公共文化服务评价一般或更低，这在一定程度上反映了农村缺乏能够组织和带动村民进行文化建设的人才。

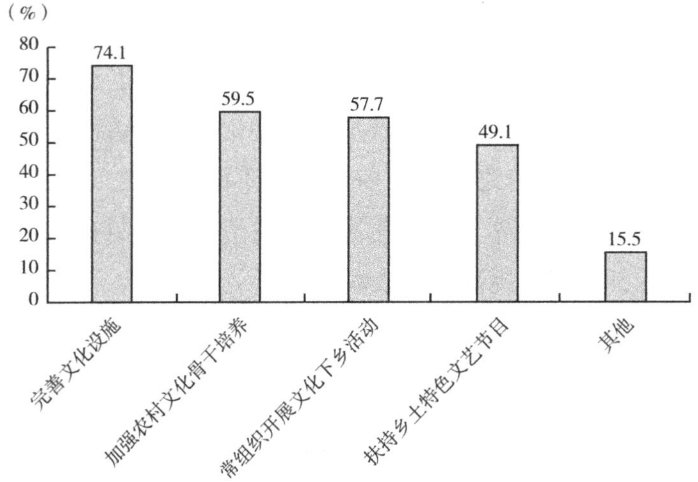

图3-8　受访者对加强农村公共文化建设的建议

对比供给与需求状况，农村公共文化活动的供需匹配度不高，农村公共文化活动供需对接错位较严重。如果某项公共文化活动的供需占比位次都排前列，位次顺序一致，说明该项活动既是重点需求也是优先供给，供需对接良好，供需匹配；反之，如果某项公共文化活动供给与需求占比的位次不吻合，存在前后之别且排序相差较大，表明供需对接错位。调查数据显示，除了放电影的供需顺序一致外，其他项目都不一致（见表3-10）。这些说明农村公共文化活动的供需失衡较严重，农民需求强烈的公共文化活动供给却不多，如群众歌舞活动和地方戏演出活动。可见，农村公共文化活动的供需优先顺序，存在错位。与此相对应的是，农村公共文化设施的供需契合度也不高。当前农村居民对电影院、文化活动室、有线电视等需求与城市居民的文化需求差别不大，但由于农村经济发展水平较低、设施运营维护成本较高等原因，农村地区这些文化设施的覆盖率并不高，调查数据显示不足50%，农村公共文化设施供需契合度不高。从问卷中“您认为目前自己的文化需求是否得到了满足”问题的回答来看，选择“满足”及以上的人数只有受访者的近40%（见图3-9），也在一定程度上印证了农村公共文化服务的供需失衡。

究其原因，笔者认为主要在于以下方面：一是基本公共文化服务的供需双方对各自供需内容有所侧重，供给主体更为重视显性公共文化建设成果，丰富农民的精神文化生活，需求主体更需要能够改善他们物质生活条件的文化活动。二是农村基本公共文化服务供给机制不完善，首先表现在不同层级政府之间、政府内部的不同部门之间供给责任不明晰，其次表现在农村基本公共文化服务的供给评价机制有待完善，改变重投入轻产出的格局，提高供给效率。

表3-10　　农村公共文化活动供需占比及排序

文化活动项目	放电影	群众歌舞活动	传统节日活动	科技推广活动	农技培训活动	地方戏演出活动	其他
需求占比（%）	35.91	25.91	23.18	17.27	21.36	25.91	25.00
需求占比排序	1	2	5	7	6	2	4
供给占比（%）	38.2	22.3	25.7	21.5	18.3	23.9	27.6
供给占比排序	1	5	3	6	7	4	2

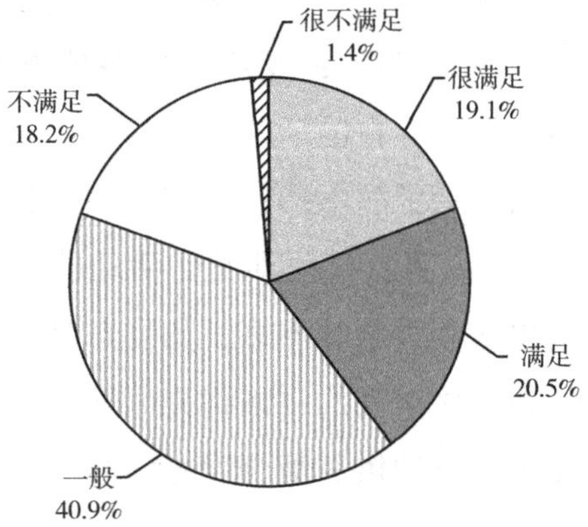

图3-9　农村居民对文化需求的满足状况

第四节 农村基本公共文化服务供给满意度分析

农民满意度是评判农村基本公共文化服务供给质量的重要标准。满意度评价与政府的客观供给水平有关，也与农民的主观特质有关。当农村居民感知质量与其预期质量一致时，就会有较高的满意度。

一、调查问卷相关内容介绍

涉及农村公共文化服务总体满意度调查的问项为："针对基层政府提供的农村公共文化服务，您是否满意"（X）。具体细分而言，包括您对乡镇综合文化站提供服务的满意度评价（X_1），您对农家书屋提供服务的满意度评价（X_2），您对当地公共网吧提供服务的满意度评价（X_3），您对本村体育休闲设施的满意度评价（X_4），您对农村电影下乡放映工程的满意度评价（X_5），您对广播电视村村通工程的满意度评价（X_6），您对当地教育就业培训等公益性文化活动的满意度评价（X_7），您对当地节假日送戏下乡等公共文化活动的满意度评价（X_8），您对提供农村公共文化服务工作人员的满意度评价（X_9）。这些基本涵盖当前政府提供农村基本公共文化服务的各个层面。

二、数据质量检测

在满意度分析之前，需要检测涉及数据的质量，主要包括完整性检测和正态性检验。如果数据不完整，存在缺失值或处理不当，就可能产生"非正定矩阵"问题。本章利用SPSS软件检查缺失值，发现有2个测量值各有2个缺失值，然后运用各自数列平均数补充了缺失值，从而保证了数据完整性。最终，样本偏度绝对值小于2，峰度绝对值小于3，通过数据正态性检验。

三、信度分析和效度分析

问卷的信度分析，是为了验证测量结果是否前后一致，因此也是稳定性或可靠性分析。任何工具在测量时，都包括误差值与实际值两部分，误差值越低则表明信度越高，反映所得的观测实际值具有较好的稳定性。Cronbach's α 作为学界常用来进行信度测量的标准，一般认为，若Cronbach's α ≥0.7，则为高信度；若Cronbach's α<0.35，则为低信度；若Cronbach's α 在0.35和0.7之间，则说明测量与现象较为一致或较稳定可靠。[①]

通过SPSS软件，10个测量项的整体Cronbach's α 为0.93。Cronbach's α 不低于0.7，说明调查问卷中这10个测量项用来衡量满意度具有高信度。

在问卷稳定可靠的基础上，就涉及效度正确性问题。效度具体包含两个条件：一是测量概念的准确性，二是能够正确地测量出该概念。关于效度的检验可以采用不同方式，包括内容效度检验、校标效度检验、建构效度检验。

（1）问卷的内容效度。用于判断测量工具是否真正地测量到所认为要测量的概念和变量，要涵盖所要测量概念和变量的各个层面。从本问卷来看，满意度实质是一种人们心理比较的过程，当感知质量与预期质量一致时，人们就会有较高的满意度。问卷中所涉及的10个题目涵盖了实践中农村公共文化服务供给各个层面，每项都是整体满意度某一方面的评价，因此，问卷内容应该有较好的效度。

（2）问卷的校标效度。校标效度检验的原因在于，原有测量工具虽然具有准确性，但包含题目数太多，使用起来耗时费力；或是所用语言过于陈旧或晦涩，不便于作答；或是不具有外部效度，问卷只适用于某一群人。实际中，研究团队所使用的问卷不存在上述问题，无须进行相

① Gilford J.P..Psychometric Methods，2nd.ed［M］. New York：McGraw-Hill，1954.

关检验。

（3）问卷的建构效度。建构效度的检验过程一般是从某一理论的建构开始，再进行测量分析，所使用的测量工具能否测量理论概念或特质的程度。建构效度检验通常采用因子分析方法，关注测量工具实际测量的调查对象特征以及从量表中所能得到的结论等问题。在本问卷中，研究团队大多通过修改初始问卷，剔除不适合的选项等，解决了上述问题，较好地保证了问卷的建构效度。

四、总体满意度情况分析

本调查中采用李克特量表对农村基本公共文化服务的满意度进行分析，问卷中要求被调查者根据自己的实际情况，进行单项选择，选项的计分方法如表3-11所示。

表3-11　　农村公共文化服务供给满意度调查计分

答案	很满意	较满意	一般	不太满意	非常不满意
计分	5	4	3	2	1

注：分值越高，代表被调查者对调查项目的满意度越高。

从调查数据整理可见，农村基本公共文化服务供给的总体满意度平均分为3.85，处于一般水平。如表3-12所示，农村居民对于基本公共文化服务供给不满意和很不满意的人数较少，总占比11.3%，而选择“一般”“较满意”“很满意”的人数占比分别为35.5%、27.3%、25.9%。总体满意度平均分为3.85，高于“一般”评分的3分，低于较满意水平，意味着农民公共文化权利得到了较好保障，但农村基本公共文化服务供给尚有较大的提升空间。

表3-12　　农村公共文化服务总体满意度统计

	人数	占比（%）	得分
（1）很满意	147	25.9	735
（2）较满意	180	27.3	720

续表

	人数	占比（%）	得分
（3）一般	234	35.5	936
（4）不满意	51	7.7	102
（5）很不满意	48	3.6	48
合计	660	100	2541
满意度平均分	3.85		

第四章 城乡融合下的基本公共文化服务均等化评价

第一节 基本公共文化服务均等化定性分析

基本公共文化服务均等化，是保障和提高公民文化权利的重要途径，也是实现共同富裕的应有之义和实施路径。为此，党中央、国务院进行了一系列顶层设计，颁布并实施了一系列政策文件。党的十六届六中全会首次正式提出“基本公共服务均等化”原则，实现均等化目标的公共服务项目具体包括：教育、卫生、文化、就业再就业服务、社会保障、生态环境、公共基础设施和社会治安；党的十七届六中全会指出“加强公共文化服务是实现人民基本文化权益的主要途径”；2017年，国务院印发《“十三五”推进基本公共服务均等化规划》指出，到2020年总体实现基本公共文化服务均等化，完善体系，健全体制机制，提高均等化水平；2020年，党的十九届五中全会明确部署要求“提升公共文化服务水平，推进城乡公共文化服务体系的一体化建设”。这些均为基本公共文化服务均等化的实现提供了坚实支撑，指明了前进方向。

基本公共文化服务均等化，即在一定资源约束条件下，政府运用公共财政、公共政策等手段，使得所有公众能够享受无过大差别、水平相当的基本公共文化服务。基本公共文化服务，实现均等化的目标，可从三个方面来理解：一是机会均等，即全体公民无差别地拥有享受基本公共文化服务的机会；二是结果均等，即全体公民无差别地享有基本公共文化服务成果；三是过程均等，即全体公民在接受基本公共文化服务过程中，享有无差别的自由选择权。这三个方面的条件，也是公共文化服务均等化的落脚点。基于缩小城乡差异、区域差异的视角来看，农村基本公共文化服务均等化侧重在以下方面：一是相较于其他公共服务类别，基本公共文化服务应具有与其相当的供给水平，并与经济发展水平一致；二是相较于城市居民而言，农村居民能享受到与城市居民享用水平相当的公共文化服务，实现公共文化服务的城乡统筹发展；三是相较于区域内的其他个体而言，所有个体均应拥有享受公共文化服务的均等机会。

现有关于均等化水平的测度，采用的方法有均等化系数法、差异系数法、泰尔指数法和基尼系数法等，主要以公共服务作为研究对象，具体到对于基本公共文化服务均等化的测量评价则较为缺乏。在有限的关于基本公共文化服务均等化研究中，主要以全国作为研究视域，结论亦不尽然一致。王晓洁（2012）和刘淑萍、辛冲冲、周全林（2019）等运用泰尔指数法，分析我国东、中、西部三大地区基本公共文化服务区域间均等化水平，结果表明，基本公共文化服务的区域间差异程度在缩小，但区域内部的差异化较大；王洛忠、李帆（2013）运用基尼系数衡量我国东、中、西部三大地区基本公共文化服务均等化水平，结果表明，地区间基本公共文化服务不均衡，而且东部地区的不均等化程度高于中西部地区，但傅才武、张伟锋（2018）采用基尼系数法分析基本公共文化服务均等化，得出我国基本公共文化服务均等化程度不高，已达失衡状态的总体结论，并认为公共文化财政投入以及公共文化产品供给的区域差异化加剧，制约着基本公共文化服务的均等化进程。此外，范柏乃、傅衍、卞晓龙（2015）以及张文礼、侯蕊、赵昕（2013）等以浙江、甘肃等个别省份为样本，分析基本公共文化服务的均等化程度，并提出适合相应省区市的政策建议。

已有研究基于不同视角、方法对我国城乡、区域间公共文化服务供给存在的非均衡性基本达成共识。伴随着各级政府在公共文化服务领域投入的稳定增长态势，城乡之间、区域之间供给差异化程度的量化比较、成因分析以及如何有效促进均等化的实现，值得深入探究思考。

第二节　基本公共文化服务均等化统计分析

从整体来看，我国公共文化服务领域的财政投入存在省际非均衡性，相应的各省区市的基本公共文化服务，非均衡现象表现明显。各省（直辖市、自治区）文化体育与传媒支出的总体水平差异较大，落实到人均文化体育与传媒支出就更为明显。表4–1反映了2020年全国31个省（直辖市、自治区）在公共文化领域财政投入的非均等性。就省际文化体育与传媒财政支出总规模而言，发达省（直辖市、自治区），如广东、北京、江苏、浙江的文化体育与传媒支出分别达到417.22亿元、225.11亿元、311.68亿元和229.62亿元，而同期宁夏、青海最少。在人均文化体育与传媒支出方面，前四名是西藏、北京、青海、上海，分别是全国平均水平的4.7倍、2.6倍、1.7倍和1.3倍，而河南、安徽、山东、黑龙江靠后，分别为全国平均水平的50%、43.8%、40.9%和34.9%。

表4–1　2020年全国31个省（直辖市、自治区）文化体育与传媒支出均等化测度

省区市	文化体育与传媒支出（亿元）	与全国均值差额（亿元）	人均文化体育与传媒支出（元）	与全国均值差额（元）
北京	225.11	102.23	1028.37	745.44
天津	34.01	–88.87	245.21	–37.72
河北	163.73	40.85	219.36	–63.57

续表

省区市	文化体育与传媒支出（亿元）	与全国均值差额（亿元）	人均文化体育与传媒支出（元）	与全国均值差额（元）
山西	112.31	–10.57	321.81	38.88
内蒙古	123.64	0.76	514.52	231.59
辽宁	89.73	–33.15	210.88	–72.05
吉林	71.92	–50.96	299.79	16.86
黑龙江	58.37	–64.51	184.07	–98.86
上海	161.26	38.38	648.15	365.22
江苏	311.68	188.8	367.68	84.75
浙江	229.62	106.74	355.01	72.08
安徽	97.06	–25.82	158.98	–123.95
福建	112.88	–10	271.28	–11.65
江西	120.35	–2.53	266.32	–16.61
山东	170.11	47.23	167.35	–115.58
河南	140.93	18.05	141.77	–141.16
湖北	146.52	23.64	255.04	–27.89
湖南	139.87	16.99	210.49	–72.44
广东	417.22	294.34	330.5	47.57
广西	109.49	–13.39	218.15	–64.78
海南	53.22	–69.66	525.89	242.96
重庆	64.89	–57.99	202.21	–80.72
四川	229.27	106.39	273.89	–9.04
贵州	72.76	–50.12	188.6	–94.33
云南	93.08	–29.8	197.12	–85.81
西藏	59.43	–63.45	1623.77	1340.84
陕西	140.57	17.69	355.42	72.49
甘肃	88.43	–34.45	353.58	70.65
青海	45.93	–76.95	774.54	491.61
宁夏	29.43	–93.45	408.18	125.25
新疆	82.50	–40.38	318.53	35.6

数据来源：《中国统计年鉴》，并整理计算。另受篇幅限制，仅罗列2020年的计算结果。

一、基本公共文化服务供给的城乡非均等化

农村公共文化发展的物质保障是充足而稳定的资金投入，由于公共文化服务和其他公共产品一样具有非竞争性和非排他性，投入主体是各地方政府，依赖财政支出。自2001年农村税费改革以来，基层政府的收入降低，如果在总量保持不变的情况下必定会压缩文化软支出，大力发展农村经济。城市经济社会发展优于农村，导致公共文化服务必然也优于农村，而当前我国偏远农村地区基本公共服务供给水平不仅远低于城市还低于全国平均水平。

（一）城乡间文化事业费投入差距大

我国在2012年对县级以上文化单位投入为243.08亿元，占全国文化总投入的50.6%，而对县及县级以下文化单位投入仅为237.02亿元，占全国文化总投入的49.4%（见表4–2）。2015年，全国文化事业费总量为682.97亿元，只占国家财政总支出的0.39%；县级以上文化事业费352.84亿元，占比51.7%，农村文化事业费330.13亿元，占比48.3%，直到2015年对县及县级以下文化单位的投入一直低于对县级以上的文化单位投入。自2016年以来，国家对县及县级以下文化单位的支出不断增加，赶超了县级以上文化单位。2020年，全国文化事业费1088.26亿元，文化事业费占财政支出的比重为0.44%（发达国家一般为1%），人均文化事业费77.07元，其中，农村文化事业费587.28亿元，占比达54%，平均每个县投入0.38亿元。

表4–2　　2012~2020年城乡文化事业费投入

年份		2012	2013	2014	2015	2016	2017	2018	2019	2020
投入总量（亿元）	城市	243.08	272.67	292.12	352.84	371.00	398.35	424.96	516.91	500.98
	农村	237.02	257.82	291.32	330.13	399.68	457.45	503.37	548.11	587.28
比重（%）	城市	50.6	51.4	50.1	51.7	48.1	46.5	45.8	48.5	46.0
	农村	49.4	48.6	49.9	48.3	51.9	53.5	54.2	51.5	54.0

数据来源：历年《文化发展统计公报》，并整理计算。

（二）城乡间文化馆（站）公共服务供给差距大

直到2020年底，我国乡镇文化站机构数为32825个，从业人员为102963人，平均到每个乡镇文化站仅有3~4名从业人员；而城市文化馆（站）有10862个，有82113名从业人员，城市文化馆（站）平均拥有从业人员为7~8名；城市文化馆（站）平均拥有从业人员数是农村的2.41倍。在专业技术人员方面，城市文化馆（站）的专业技术人员为45860人，专业技术人员占从业人员比重为55.85%；乡镇文化站有30298名专业技术人员，专业技术人员占从业人员比例为29.43%；在专业技术人员占从业人员比重方面，城市文化馆（站）比乡镇文化站高，是乡镇文化站的1.90倍（见表4–3）。城市文化馆（站）平均从业人员数与专业技术人员都多于农村，且差距巨大。

表4–3　2020年城乡文化馆从业人员结构

项目	机构数（个）	从业人员（人）	专业技术人员（人）	平均每个机构从业人员（人）	专业技术人员占从业人员比重（%）
城市文化馆（站）	10862	82113	45860	7.56	55.85
乡镇文化站	32825	102963	30298	3.14	29.43

数据来源：2021年《中国文化文物统计年鉴》，并整理计算。

（三）城乡间艺术表演公共服务供给差距大

公共文化服务的出发点是以人民为中心。2020年，全国艺术表演农村演出84.26万场，赴农村演出场次占总演出场次的37.84%，城镇演出场次占比62.16%；农村观众3.26亿人次，农村观众占总人数的36.60%，城镇观众占比63.40%（见表4–4）。艺术团体在农村演出场次和观众数，虽呈现大致上升的趋势，但农村演出场次和农村观众数量尚未达到全国平均水平的一半。

表4–4　近年艺术团体农村演出场次及观众数

年份	2015	2016	2017	2018	2019	2020
农村场次（万场）	139.08	151.6	184.31	178.82	171.27	84.26
农村场次占国内场次比重（%）	66.46	66.19	63.09	57.53	57.94	37.84

续表

年份	2015	2016	2017	2018	2019	2020
国内观众（亿人次）	9.58	11.81	12.47	11.76	12.30	8.90
农村观众（亿人次）	5.85	6.21	8.3	7.79	7.68	3.26
农村观众占国内观众比重（%）	61.07	52.57	66.54	66.26	62.43	36.6

数据来源：历年《中国文化文物统计年鉴》，并整理计算。

二、基本公共文化服务供给的区域非均等化

（一）区域间文化事业费投入差距较大

2020年我国分区域的文化事业费，东、中、西部地区分别为491.62亿元、269.78亿元、301.64亿元（见表4–5），中西部的文化事业费远低于东部地区，根本原因在于中西部的经济发展水平低于东部，中部低于西部地区，主要原因在于西部地区的财政转移支付较多。

表4–5　　2012~2020年文化事业费规模区域比较分析

年份		2012	2013	2014	2015	2016	2017	2018	2019	2020
总量（亿元）	全国	480.1	530.49	583.44	682.97	770.69	855.8	928.33	1065.02	1088.3
	东部	211.56	231.41	242.98	287.87	33.62	381.71	416.24	478.15	491.62
	中部	107.78	120.01	133.46	164.27	184.8	213.3	232.71	265.31	269.78
	西部	139.53	152.16	171.15	193.87	218.17	230.7	242.93	277.97	301.64
所占比重（%）	东部	44.1	43.6	41.6	42.1	43.3	44.6	44.8	44.9	45.1
	中部	22.4	22.6	22.9	24.1	24	24.9	25.1	24.9	24.8
	西部	29.1	28.7	29.3	28.4	28.3	27	26.2	26.1	27.7

数据来源：历年文化发展统计公报，并整理计算。

（二）区域间公共图书馆公共服务差距较大

在公共图书馆公共服务方面，东部地区人均拥有公共图书馆藏量、图书馆总流通人次、每万人拥有公共图书馆建筑面积的平均值和中位值，都高于全国水平，中部、西部地区的平均值都低于全国平均水平。其中，人均拥有公共图书馆藏量，2020年东部地区高达1.21册，中部地

区次之，为0.68册，西部地区最低，仅为0.67册（见表4–6）。

表4–6　　公共图书馆设施区域差异性统计分析（2020年）

区域	统计分布状况	人均拥有公共图书馆藏量（册）	总流通人次（万人次）	每万人拥有公共图书馆建筑面积（平方米）
东部	平均值	1.21	2830.61	153.50
	中位值	1.09	1362.35	140.60
中部	平均值	0.68	1417.26	122.50
	中位值	0.63	1292.85	120.07
西部	平均值	0.67	684.30	131.00
	中位值	0.60	646.43	129.00
全国	平均值	0.88	1746.64	126.46
	中位值	0.69	989.18	128.89

数据来源：中国统计年鉴（2021年），并整理计算。

（三）区域间广播电视公共服务差距较大

从广播、电视节目综合人口覆盖率来看，东、中、西部地区的平均值都超过了98.5%，中位值都超过了99%，各区域基本实现了全覆盖。从有线广播电视实际用户比重来看，东、中、西部地区各自的平均值和中位值大致相近，东部最高，为66%左右；西部次之，为44%左右；中部最低，为37%左右，中、西部有线广播电视用户不到该地区的一半（见表4–7）。政府要重视对中西部地区的文化投入，促进中西部群众对有线广播电视的使用。

表4–7　　广播电视区域差异性统计分析（2020年）

区域	统计分布状况	广播节目综合人口覆盖率（%）	电视节目综合人口覆盖率（%）	有线广播电视实际用户比重（%）
东部	平均值	99.61	99.74	67.65
	中位值	99.80	99.85	62.03
中部	平均值	99.56	99.69	38.30
	中位值	99.64	99.68	36.55

续表

区域	统计分布状况	广播节目综合人口覆盖率（%）	电视节目综合人口覆盖率（%）	有线广播电视实际用户比重（%）
西部	平均值	98.82	99.19	43.02
	中位值	99.36	99.36	44.47

数据来源：中国统计年鉴（2021年），并整理计算。

（四）区域间艺术表演公共服务差距较大

中部地区艺术表演团体的演出场次平均值最大，达到9.97万场次，观众人次也最多，为4250.46万人次；西部地区演出场次的平均值最低，仅为3.39万场次，相当于中部地区的34%，观众人次也最少，仅有1120.44万人次，相当于中部地区的26.4%。东部地区艺术表演场馆的演出场次平均值最大，达到3.38万场次，观众人次也最多，为280.81万人次；西部地区艺术表演场馆的演出场次最低，为0.53万场次，仅有东部地区的15.7%，观众人次也最少，为100.78万人次，仅有东部地区的35.9%（见表4–8）。可见，东、中、西部地区间艺术表演活动供给存在较大差异性。

表4–8　　艺术表演活动区域差异性统计分析（2020年）

区域	统计分布状况	艺术表演团体		艺术表演场馆	
		演出场次（万场次）	国内演出观众人次（万人次）	演出场次（万场次）	观众人次（万人次）
东部	平均值	5.79	3284.40	3.38	280.81
	中位值	2.33	2165.98	2.02	234.04
中部	平均值	9.97	4250.46	1.43	185.22
	中位值	6.16	3231.48	1.09	108.21
西部	平均值	3.39	1120.44	0.53	100.78
	中位值	2.86	1006.02	0.46	77.09

数据来源：中国文化文物和旅游统计年鉴（2021年），并整理计算。

第三节 基本公共文化服务均等化实证分析

一、基本公共文化服务均等化的数据来源

本书在借鉴现有研究基础上，从地区经济发展水平、人口分布等方向，分析基本公共文化服务支出的总体差异和地区差异，考察地区是我国31个省区市（港澳台地区除外）。所用数据主要来自历年《中国文化文物统计年鉴》《中国统计年鉴》《文化和旅游发展统计公报》等，同时为了剔除价格因素影响，以2012年为基期，所有数据均进行了平减换算。

二、基本公共文化服务均等化的测度方法

本书拟分析我国基本公共文化服务的区域间差异水平及原因，为实现该研究目标，拟采用度量基本公共服务均等化水平且参考价值较高的泰尔指数法，利用2012~2020年我国公共文化服务支出统计数据，测度均等化程度。具体计算公式如下。

（一）总体泰尔指数

$$TI=\sum_{i=1}^{n}\frac{CE_i}{CE}\ln（CE_i/CE）/（P_i/P） \qquad （4-1）$$

其中，TI为总体泰尔指数，表示基于人口分布维度的公共文化服务支出区域差异程度；i=1，2，…，31，分别表示31个省区市；CE_i表示每个省区市公共文化服务支出额；CE表示31个省区市的公共文化服务支出总额；P_i表示各省区市的人口数；P表示31个省区市的人口总数。

式（4-1）构造的泰尔指数，反映了不同省区市公共文化服务支出

与地区人口分布的匹配程度，当TI=0时，表明该省区市达到了绝对均等，即公共文化服务支出与地区人口数量匹配度最高；反之，则表明该省区市公共文化服务支出与人口分布非均衡程度越高。值越接近0，表明公共文化服务资源配置效率越高。

（二）泰尔指数分解

$$TI=TI_{区域内}+TI_{区域间} \tag{4-2}$$

$$TI_{区域内}=\sum_{j=1}^{3}(CE_j/CE)TI_j \tag{4-3}$$

$$TI_j=\sum_{j=1}^{n}\frac{CE_{ji}}{CE_j}\ln(CE_{ji}/CE_j)/(P_{ji}/P_j) \tag{4-4}$$

$$TI_{区域间}=\sum_{j=1}^{3}\frac{CE_j}{CE}\ln(CE_j/CE)/(P_j/P) \tag{4-5}$$

$$贡献率=TI_{区域内}/TI+TI_{区域间}/TI=1 \tag{4-6}$$

其中，式（4–4）中TI_j表示人口分布维度下的第j个地区公共文化服务支出均等化程度的泰尔指数，CE_{ji}和P_{ji}分别表示第j个地区内第i个省区市公共文化服务支出额及其人口数，j=1、2、3，是指按照地理位置划分的东、中、西部地区；式（4–5）中CE_j表示第j个地区的公共文化服务支出总额、P_j表示第j个地区的人口总数。同理，地区经济发展水平维度下的公共文化服务支出均等化的测度，均可通过上述泰尔指数及其分解式（4–1）至式（4–6）对相应变量进行替换而得到。

三、基本公共文化服务均等化的测度结果分析

（一）总体泰尔指数分析结果

通过式（4–1）可分别计算出，基于人口规模和地区生产总值两个维度，2012~2020年公共文化服务支出差异程度的总体泰尔指数，测算结果见图4–1。

如图4–1所示，人口分布维度下的总体泰尔指数、地区生产总值分布维度下的总体泰尔指数，在考察期间存在相似的变化特征，大致呈

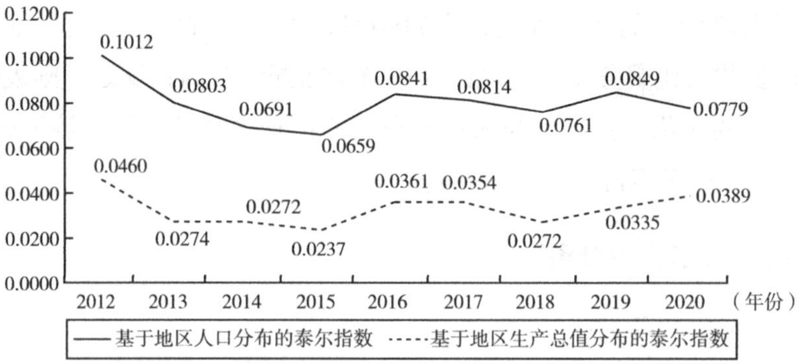

图4–1　基于人口规模和地区生产总值的总体泰尔指数变化趋势

横向“S”形变动趋势，上下波动幅度较明显。基于地区人口分布视角测算的泰尔指数值有明显降幅，其最大值为2012年的0.1012，最小值为2015年的0.0659，期间呈“下降—上升”的波动趋势；基于地区生产总值分布维度测算的泰尔指数值降幅较为平缓，其最大值为2012年的0.0460，最小值为2015年的0.0237，但在2018年后又出现小幅反弹态势，2020年达到0.0389，“十二五”时期以来一直在波动起伏。截至2020年，基于人口分布维度和地区生产总值分布维度测算的泰尔指数值，相较2012年分别下降了23.05%和15.47%，数据表明，基本公共文化服务支出，从人口分布、地区生产总值分布维度来看，其匹配度即均衡程度在不断提升，但增速还有待进一步提高。从完全均等化的比较视角来看，基于人口分布维度和地区生产总值分布维度，测算而得的泰尔指数值与零值均有较大偏离，这表明31个省区市的公共文化服务投入，与该地区的人口分布、生产总值匹配度还有待提升，也就是说各省区市虽然增加了对公共文化服务领域的支出，但是产出效率没有达到最大，仍有财政投入与人口规模、经济发展水平不一致的问题。

（二）总体泰尔指数分解测算结果

基于人口规模分布视角，我国公共文化服务支出均等化程度的总体泰尔指数的分解结果见表4–9。无论区域内还是区域间，相应泰尔指数值波动较大，从考察期内的变动趋势来看，区域间泰尔指数值波动较小并呈现下降趋势，而区域内泰尔指数值是上下波动的但变化趋势不明显。2020年区域间泰尔指数值最小，为0.0197，2020年区域内泰尔指数值最小，为0.2266。从对总体泰尔指数的贡献程度来看，区域间泰尔指数大体呈现减少趋势，区域内泰尔指数呈现增长趋势，截至2020年，区域间和区域内泰尔指数贡献率分别约为8.01%和91.99%，后者约是前者的11.48倍。由此可见，东、中、西部地区间的公共文化服务资源配置逐渐均衡，但是，各地区内不同省区市之间的资源配置差异较大，因此，我国公共文化服务支出的地区非均衡主要来自区域内部各省区市的资源配置问题。

表4–9 基于人口分布的各区域公共文化服务支出的泰尔指数分解值

年份	$TI_{区域间}$	$TI_{区域内}$	TI	贡献率（%）	
				$TI_{区域间}$	$TI_{区域内}$
2012	0.0355	0.2982	0.3338	10.6481	89.3519
2013	0.0334	0.2681	0.3015	11.0648	88.9352
2014	0.0293	0.2834	0.3126	9.3616	90.6384
2015	0.0238	0.2714	0.2952	8.0574	91.9426
2016	0.0239	0.2923	0.3162	7.5726	92.4274
2017	0.0253	0.2600	0.2853	8.8622	91.1378
2018	0.0232	0.3098	0.3329	6.9538	93.0462
2019	0.0229	0.3042	0.3272	7.0129	92.9871
2020	0.0197	0.2266	0.2463	8.0063	91.9937

注：根据式（4–2）至式（4–6）测算而得。

（三）三大区域内部各省区市泰尔指数测算结果

通过上述泰尔指数的分析，可以明确我国基本公共文化服务支出分布不均衡的来源，下面将进一步分析三大区域内不同省区市的差异性。从空间变化特征来看，三大区域内部差异程度非常明显。如表4–10所示，根据泰尔指数均值大小进行排序，第一位是东部地区，第二位是西部地区，第三位是中部地区。因为东部地区区域内部差距最为显著，所以在公共文化服务支出非均等化中所占权重较大，其次为西部地区，最后为中部地区，所占权重相对较小。通过计算三大区域内部各省区市的泰尔指数值，可以进一步分析区域内的差异程度（见表4–11）。

表4–10　基于人口分布的各区域公共文化服务支出差异程度的泰尔指数值

年份	TI_j		
	东部地区	中部地区	西部地区
2012	0.1680	0.0465	0.0595
2013	0.1473	0.0444	0.0566
2014	0.1539	0.0481	0.0636
2015	0.1414	0.0523	0.0638
2016	0.1562	0.0513	0.0674
2017	0.1230	0.0539	0.0715
2018	0.1565	0.0666	0.0722
2019	0.1564	0.0592	0.0723
2020	0.1072	0.0562	0.0584
均值	0.1456	0.0532	0.0650

注：TI_j表示各考察经济区的泰尔指数，j =1，2，3；表中数值通过式（4–6）计算。

排序第一的是东部地区，其区域内部的差异化程度最大，2012~2020年泰尔指数年均值达0.1456，是差异化程度最小的中部地区的2.74倍。结合表4–11相关数据分析，可见东部地区内部分布不均衡的主要原因是省区市间差距较大，即省区市间呈现两极分化态势，正负值相对。泰尔指数值为正值的省区市，与自身的经济发展水平、较完善的公共文化服务体系分不开；而泰尔指数值始终保持负值变化的省区市，可能原因在于公共文化服务投入不足，与人口比重不匹配等。

表4–11　2012~2020年各省区市内部公共文化服务支出差异程度的泰尔指数值

区域	省份	2012年	2013年	2014年	2015年	2016年	2017年	2018年	2019年	2020年
东部地区	北京	0.099	0.093	0.086	0.074	0.094	0.073	0.089	0.089	0.076
	天津	0.011	0.014	0.026	0.029	0.021	0.023	0.026	0.026	0.002
	河北	−0.048	−0.048	−0.048	−0.047	−0.048	−0.046	−0.047	−0.047	−0.041

续表

区域	省份	2012 年	2013 年	2014 年	2015 年	2016 年	2017 年	2018 年	2019 年	2020 年
东部地区	辽宁	−0.013	−0.019	−0.018	−0.020	−0.019	−0.020	−0.016	−0.016	−0.025
	上海	0.136	0.118	0.136	0.119	0.120	0.097	0.140	0.141	0.071
	江苏	−0.011	0.006	−0.010	−0.011	−0.008	0.000	−0.008	−0.007	0.023
	浙江	0.073	0.055	0.056	0.074	0.067	0.054	0.054	0.052	0.063
	福建	−0.011	−0.009	−0.010	−0.007	−0.007	−0.009	−0.011	−0.011	−0.006
	山东	−0.059	−0.056	−0.056	−0.057	−0.059	−0.058	−0.056	−0.056	−0.054
	广东	−0.020	−0.020	−0.017	−0.017	−0.009	0.002	−0.022	−0.024	−0.001
	海南	0.011	0.011	0.008	0.003	0.004	0.007	0.008	0.008	−0.001
中部地区	山西	0.077	0.069	0.048	0.055	0.047	0.047	0.038	0.047	0.046
	吉林	0.051	0.059	0.076	0.062	0.046	0.046	0.061	0.071	0.044
	黑龙江	0.014	0.006	0.024	0.023	0.025	0.015	−0.003	−0.001	0.019
	安徽	−0.034	−0.028	−0.031	−0.033	−0.029	−0.035	−0.037	−0.040	−0.038
	江西	−0.016	−0.016	−0.013	−0.014	−0.022	−0.019	−0.023	−0.004	−0.006
	河南	−0.048	−0.051	−0.055	−0.059	−0.064	−0.063	−0.064	−0.064	−0.070
	湖北	0.018	0.018	0.014	0.036	0.053	0.066	0.095	0.052	0.064
	湖南	−0.015	−0.013	−0.013	−0.018	−0.006	−0.003	−0.001	−0.002	−0.004
西部地区	内蒙古	0.062	0.059	0.054	0.066	0.068	0.070	0.062	0.045	0.043
	广西	−0.036	−0.034	−0.036	−0.033	−0.032	−0.036	−0.035	−0.033	−0.022
	重庆	0.006	−0.001	−0.003	0.007	0.013	0.009	0.006	0.005	−0.007
	四川	−0.023	−0.020	−0.016	−0.016	−0.033	−0.037	−0.038	−0.043	−0.041
	贵州	−0.022	−0.026	−0.027	−0.027	−0.022	−0.011	−0.019	−0.023	−0.017
	云南	−0.029	−0.029	−0.023	−0.025	−0.024	−0.021	−0.004	0.013	−0.006
	西藏	0.016	0.019	0.037	0.037	0.044	0.051	0.063	0.051	0.051
	陕西	0.007	0.026	0.011	0.004	−0.003	−0.011	−0.011	−0.012	−0.014
	甘肃	−0.005	−0.005	−0.005	−0.010	−0.004	0.003	0.005	0.005	−0.004
	青海	0.031	0.025	0.032	0.025	0.029	0.034	0.027	0.047	0.034
	宁夏	0.019	0.008	0.011	0.016	0.017	0.012	0.013	0.014	0.016
	新疆	0.034	0.035	0.029	0.022	0.013	0.009	0.004	0.003	0.027

注：由于篇幅有限，表中数据只保留了3位小数。

排序第二的是西部地区，其在考察期内泰尔指数均值为0.0650，比差异化程度最小的中部地区略高一些。广西、四川、贵州的泰尔指数值，持续以负值状态呈现，总体变化趋势较平缓，至2020年的未出现收敛态势；此外，2012~2020年，新疆变化态势较为乐观，由2012年的0.0341下降至2019年的0.0034，整体呈现收敛态势，尤其是近几年逐步达到均等化，即该自治区的公共文化服务支出配置份额与其人口分布匹配度有所改善，空间差异性在逐步缩小。

排序第三的是中部地区，其在考察期内泰尔指数均值为0.0532，是差异化程度最小的地区。其中，有三个省份的泰尔指数值一直是正数，分别是山西、吉林和湖北，相应年均值分别为0.0526、0.0574和0.0462，从其动态变化趋势来看，湖北呈显著波动上扬态势，2020年相较于2012年有较大幅度提升；在此期间，河南的泰尔指数呈波动态势，但始终处于较高负值状态，上升幅度也相对偏小，截至2020年，河南泰尔指数值为–0.0700，年均值仍达–0.0597，这也表明河南近十年来省内分布一直处于非均衡态势，有待进一步改善；此外，黑龙江的泰尔指数值偏离零值幅度相对较小，从2018年开始变为负值，其年均值为0.0134，截至2020年，黑龙江均等化程度有较大幅度改善。

四、基本公共文化服务非均衡困境的成因分析

以上分析表明了我国基本公共文化服务均等化的进展缓慢，确实存在供给不均衡困境，而造成困境的成因主要表现为以下几个方面。

（一）农村文化服务机构、人才匮乏

我国县及县级以下的公共文化服务机构，主要包括博物馆、图书馆、文化站及县、乡镇文化馆等公益性场所。从农民可及性角度看，乡镇文化站、村级公共文化服务场所对农民的服务功能最强，而现实情况是，乡镇文化站、村级公共文化服务场所组织活动较少甚至没有，经常处于空转状态，运行效率低下。

此外，农村地区人才留用机制不完善，基层乡镇政府财政紧张拮据，面向乡村的公共文化单位建设不健全，致使较难招募从业人员，从业人员的流动性也较大，难以挽留住合适人才。同时，大批农村中青年，在

城市高薪与完善的公共服务吸引下，选择进城务工，导致了农村文化人才的大量流失。基层公共文化服务缺失从业人员、专业技术人才，出现了“空心化”“内卷化”等现象，农村文化再生产面临困境。

（二）基本公共文化服务供给缺位、错位

城市经济发达，公共文化设施等供应较齐全而且维护良好，而农村的公共文化设施及场所建设年代较久，设备严重缺乏，文化活动开展较少。同时，基层政府重经济轻文化、重形式轻建设，农村基本公共文化服务一直处于弱势地位。此外，政府未有效甄别农民真实文化需求以及需求差异，为农村地区提供同质化的公共文化服务项目，导致公共文化服务供给错位，直接影响城乡公共文化服务均等化进程。

（三）文化发展形成的阶层“差序结构”

在社会分工的基础上，阶层形成了差别，不同的阶层又形成不同的文化。阶层的贫富差距拉大，会影响公共文化资源权利的享受。一般较富裕的人群，会对文化供给的期望值更高，在供给未达到期望值时，会主动表达自己的期望；相反，较贫困的人群对文化供给的期望值更低，大多时候是被动地接受已有的文化服务。由于城市和农村经济社会发展的差异性，城乡间贫困阶层与富裕阶层的文化资源占有差距进一步拉大。

第　四　节
基本公共文化服务均等化的总体评价与优化策略

一、基本公共文化服务均等化的总体评价

本部分利用2012~2020年内地31个省区市面板数据，采用泰尔指数法，对我国公共文化服务均等化程度进行测量，主要结论如下：①总体

泰尔指数均大致呈横向“S”形变动趋势，上下波动幅度较为明显，表明各省区市公共文化服务供给规模与其人口规模、GDP匹配度不高；②总体泰尔指数分解结果表明，东、中、西部地区间的差异化趋势有所缩小且逐渐均等化，而区域内均等化程度不高且对总体泰尔指数影响较大，造成了地区较大差异；③东、中、西部地区内省际间泰尔指数的空间变化，表明三大地区内部差异程度非常明显。

二、基本公共文化服务均等化的优化策略

造成非均等化的成因包括城乡文化经费投入不均衡、公共文化服务供给的缺位和错位等，建议从以下方面进行优化。

（一）提升公共文化资源供给侧的总体规模和质量

高标准进行各地区的公共文化服务基础设施建设，推动全国范围的图书馆、文化馆（站）、博物馆等公共文化服务设施的完善，推动乡镇、村层面一体化综合性文化服务中心的共建共享。尤其在广播电视公共文化服务供给方面，应该实行广播电视数字化建设全覆盖；在文艺演出公共文化服务供给方面，为偏远地区的居民定期、定量地提供受当地欢迎的文艺演出服务，满足当地居民的文化需求。

（二）统筹协调城乡、区域间的公共文化服务均等化水平

中央要发挥统筹协调的职能，对云南、青海等西部地区公共文化服务薄弱的省区市加大扶持力度，充分利用北京、上海、江苏、浙江等东部地区公共文化服务优质省域的模范带头效应。可以形成“一带一”或者“多带一”的跨区域合作模式，促进长三角、珠三角等重点区域与服务供给薄弱区域的基本公共文化服务均等化。特别注意对边远农村地区的基本公共文化服务建设，保障每个县级文化馆、村文化活动室等基础设施的配备达到最低标准，打通畅通公共文化服务的“最后一公里”。

（三）构建基本公共文化服务均等化的资金可持续投入体系

我国一直以来经济建设占主导地位，财政对文化的投入较少，不论是总体规模还是相对规模都较小，政府应根据公共文化服务的相关需求，优化政府公共支出结构，进而提供更丰富更优质的公共文化服务。自1994年分税制改革以来，中央政府和地方政府在财政事权与支出责任划分方面不明晰，存在事权错位与越位现象，导致地方政府收入划分较少，但支出责任较重，存在“心有余而力不足”的支出困境。建议合理划分中央和地方财政事权与支出责任，尤其是合理划分省级以下各级财政事权、明晰界定省级以下各级财政支出责任、完善省级以下转移支付制度，保证各级政府的事权与支出责任相匹配，提升基层政府提供基本公共文化服务的能力，让发展相对落后地区乡镇的居民能够享受到公共文化服务。

（四）推广、升级国家级公共文化资源共享工程

国家要进行公共文化信息资源共享的全国建设，首先，坚持公益性原则，搭建公共数字文化资源整合平台。导向是满足用户需求、更新完善用户界面、提供查询指导，平台还应该易操作。其次，升级打造“智能化共享工程”，对省级平台文化资源进行数字化与智能化建设，构建预算管理一体化的绩效动态监管体系，即“互联网+绩效+管理”模式，在政府作为监管主体和绩效管理主体的框架下，明晰财政责任界限，强化动态监管，促进资源最优化配置和财政资金效益最大化。最后，数字化平台需要有知识技能的人才进行服务，国家应培养一批符合条件的从业人员，适应公共数字文化资源整合平台的管理维护工作。

第五章 城乡融合下的农村基本公共文化服务供给效率评价

第一节 基本公共文化服务供给效率评价的重要性

基本公共文化服务，是政府提供公共服务的重要组成内容，以满足全体公众的精神文化需求为目标，向公众提供的具有非竞争性、非排他性的公共文化产品、公共文化活动、公共文化载体及公共文化服务的资源配置活动，最终实现全体公众公正、平等、普遍地享有文化权利。基本公共文化服务，若能够实现与时代更迭的协调，其供给内容要体现基本保障与公平享有。

“公共文化服务”，于2005年党的十六届五中全会首次正式提出，此后发展势头迅猛。2007年，党中央、国务院开始全面部署公共文化服务体系建设。2013年，党的十八届三中全会提出建立“现代公共文化服务体系”的目标任务，提出要设立绩效考核指标。2015年，国家制定颁布了基本公共文化服务的统一指导标准。2016年，国家颁布实施了《中华人民共和国公共文化服务保障法》，通过法律为公共文化服务供给提供保障与依据。这些重要的顶层设计，充分体现了我国政府对公共文化建设的高度重视，从法律政策层面指明公共文化建设方向与实施路径，从资金保障层面加大政府投入力度。为充分调动地方政府在公共文化服务供给中的积极性，健全公共文化服务的财政保障机制，2020年，国务院发布了《公共文化领域中央与地方财政事权和支出责任划分改革方案》，以保证公共文化投入与经济社会发展阶段相适应。在此宏观背景下，如何有效地评价各地方政府公共文化服务投入效率？如何有效提升政府公共文化服务投入效率？这些问题的解决，具有重要的理论意义与现实应用价值。

由于公共文化服务具有公共品属性，市场无法提供满足社会主流价值观要求的公共文化产品，政府在公共文化服务供给、文化资源配置、满足公众文化权利方面，需要承担不可或缺的责任。政府通过投入大量财政资金支持公共文化建设，但是否能有效转化为满足公众需求的公共文化服务，需要通过效率评价指标体系来评判，并据此促进政府公共文化服务能力的提升。

现有文献对公共文化服务投入效率进行了较丰富和有深度的研究，但研究结论存在分歧，有的甚至恰好相反。究其原因，一方面，公共文化口径界定存在差异，评价对象范围存在大文化、小文化区别，评价指标体系构建存在倾向图书馆服务、文艺活动服务等，虽然指标维度类似，但由于评价范围有别以及指标权重差异，最终评价结果差别较大；另一方面，所选择的研究样本存在差异，有的选择西部地区、有的选择东中西部的代表省区市、有的选择民族地区，个体特征差异比较大，同时，在时间跨度选择上，已有研究也不尽相同。关于效率评价结论和建议，对于提高公共文化服务投入效率和优化公共财政支出结构提供了可供参考的数据和证明，但缺乏适合一个国家一定时期从宏观到微观、从制度到个体的推广性。本章参照《国家基本公共文化服务指导标准（2015~2020年）》，认为基本公共文化服务项目具体包括：公共图书馆、公共博物馆等公共文化设施免费开放，收听广播，观看电视以及读书看报等，在此界定基础上，构建评价指标体系，基于三阶段DEA-Malmquist指数方法，对地方政府公共文化服务投入效率，进行更为客观和准确的评价。

第二节 基本公共文化服务供给效率评价设计

一、基本公共文化服务供给效率评价指标选取

参照基本公共文化服务指导标准，借鉴现有研究成果，同时考虑数据的可得性、科学性，本着投入和产出指标总数少于决策单元个数的原则，最终选取10个产出变量和1个投入变量，评估政府公共文化服务供给效率，主要运用Stata 15.1软件进行分析。

（一）投入产出指标选取

政府公共文化服务投入的效率评价，是对政府在提供公共文化服务中，所体现出的管理能力进行评估，所取得成果和产生效益是关注重点，其中，经济效益是政府投入效率评价的核心。公共文化投入资金反映了政府公共文化服务的基础水平，数量越多、增速越快，表明当地政府公共文化服务供给能力越强。各地公共文化服务基础设施和从业人员的数量可以反映供给能力，公共文化服务基础设施包括公共图书馆、群众艺术馆、文化馆、文化站等。公共文化服务送达和资源使用情况反映公众所享受到的公共文化服务数量和质量，如人均图书藏量、平均每万人群众文化设施建筑面积、广播电视节目综合人口覆盖率等。公众对服务的满意度即使用效能，反映了公众的参与度，如每万人组织文艺活动次数、艺术表演团体场均观众人次等。

借鉴现有研究，通过相关性分析，剔除不合要求的指标，最终确定投入指标为：人均文化事业费（X）；产出指标为：每百万人主要文化机构数（Y_1）、每百万人主要文化机构从业人员数（Y_2）、人均图书藏量（Y_3）、图书馆流通人次（Y_4）、每万人组织文艺活动次数（Y_5）、平均每万人群众文化设施建筑面积（Y_6）、博物馆参观人次（Y_7）、艺术表演

团体场均观众人次（Y_8）、广播节目综合人口覆盖率（Y_9）、电视节目综合人口覆盖率（Y_{10}）。具体如表5–1所示。

表5–1　　公共文化服务供给效率的投入产出指标体系

类型	一级指标	二级指标
投入变量	财政投入	人均文化事业费（元）
产出变量	基础设施	每百万人主要文化机构数
	人才队伍	每百万人主要文化机构从业人员数
	公共图书馆	人均图书藏量（册）
		图书馆流通人次（万人次）
	群众文化机构	每万人组织文艺活动次数
		平均每万人群众文化设施建筑面积（平方米）
	博物馆	博物馆参观人次（万人次）
	艺术表演	艺术表演团体场均观众人次
	广播电视	广播节目综合人口覆盖率（%）
		电视节目综合人口覆盖率（%）
环境变量	经济发展水平	人均GDP（万元）
	政府重视程度	文化事业费占财政支出的比重（%）
	财政分权度	本级财政收入占财政支出的比重（%）
	城市发展程度	城镇化率（%）
	受教育水平	文盲率（%）

（二）环境变量

环境变量可对公共文化服务供给效率产生影响，但决策单元不可控制的因素。借鉴现有研究，本书从经济发展水平、政府重视程度、财政分权度、城市发展程度以及受教育程度五个方面，分析影响公共文化服务供给效率的环境变量。具体见表5–1。

经济发展水平（Z_1），以人均GDP进行度量。一般来说，经济发展水平代表地方政府提供公共服务的能力，且与公共支出效率成正比。因为经济越发达地区，公共文化服务体制和技术水平都越成熟完善，收入水平越高的居民对公共服务需求越高，政府公共文化服务的供给能力和供给压力越大，越有动力提高供给效率；与此同时，经济越发达地区，地方政府会越关注具有政绩效应的短期内能够产生显性成效的项目，而忽视公共文化服务之类的需要长期投入且即期显性成效不显著的项目，进而不利于公共文化服务供给效率的提高。

政府重视程度（Z_2），以文化事业费支出占本级政府财政支出的比重进行度量。政府用于公共文化服务的投入资金越多，公众的文化需求越有可能得到保障，越有可能反映出更高的供给效率。但是，随着公共文化财政投入的不断增加，贪腐行为、不完善的资金监管机制和绩效考核机制等可能造成公共资源的浪费，从而对供给效率产生消极影响。

财政分权度（Z_3），以本级财政收入占财政支出比重进行衡量。一般地，财政分权度越高，越有利于地方政府满足公众对文化服务的需求，进而提升供给效率。蒂布特“用脚投票”模型表明了公共产品的有效供给会受到上级政府下放给下级政府权力的影响，取消居民出入约束，随意选择空间活动范围，会促进竞争性辖区内的公共产品供给。如果将过多的本级财政收入投入基础建设而非文化服务领域，可能会对公共文化服务供给产生消极影响。

城市发展程度（Z_4），以城镇化率进行衡量。城镇化率是一个国家或地区经济社会发展进步的主要反映和重要标志，城镇化程度的加快，有利于公共文化财政支出效率的提升。但是，城镇化的提升带来农村人口的非农转移，对公共文化供给推动作用有限，城镇人口扩散带来公共文化消费转移，但总体公共文化消费意愿仍趋于保守。

受教育水平（Z_5），以文盲率进行衡量。居民受教育水平越高，文盲率越低，维权意识和参政能力相应增强，居民对于公共文化活动的参与意愿和参与的主动性积极性都会提高，有助于促进政府公共文化服务供给效率的提升。与此同时，受教育水平越高，意味着对文化需求的层次越高，个性化越强，进而不愿意或少参与公共文化活动，越偏好通过市场方式进行文化消费，从而对公共文化服务供给效率产生消极影响。

二、基本公共文化服务供给效率评价数据来源

本章的研究数据期间为2011~2020年，以我国31个省区市的公共文化服务作为31个决策单元。相关数据主要来源于《中国统计年鉴》《中国区域经济统计年鉴》《中国文化文物统计年鉴》等，使用Deap 2.1、Frontier 4.1软件辅助计算，最终形成10个时期包含31个截面样本的省级基本公共文化服务供给效果的面板数据。

三、基本公共文化服务供给效率评价方法

（一）三阶段DEA模型

1.第一阶段：DEA-BCC效率测评。

本章选择投入导向的BCC（规模报酬可变）模型。对于其中的任何一个决策单元，基于投入导向采用对偶形式的BCC模型可表示为：

$$\min\theta$$

$$\text{s.t}\begin{cases}\sum_{i=1}^{n} X_i\lambda_i+S^-=\theta X_0\\ \sum_{i=1}^{n} Y_i\lambda_i-S^+=\theta Y_0\\ \lambda_i\geqslant 0;\ S^-,\ S^+\geqslant 0\end{cases}\qquad(5\text{-}1)$$

n=1，…，N；i=1，…，I

其中，i表示各地方政府，X、Y分别表示第i省级政府的投入与产出变量，S^+代表松弛变量，S^-代表冗余变量，λ_i代表第i省级政府投入或产出权重，θ代表权重系数。

若 θ=1，$S^+=S^-=0$，表示决策单元DEA有效；

若 θ=1，$S^+\neq 0$或$S^-\neq 0$，表示决策单元弱DEA有效；

若 θ<1，则表明决策单元非DEA有效。

BCC模型的效率值称为综合技术效率（TE），可以表示为规模效率（SE）与纯技术效率（PTE）的乘积。决策单元的绩效，会受到管理无效率、环境因素、统计噪声三种因素的影响，因此有必要判断分析出这三种影响。

2.第二阶段：SFA回归模型。

三阶段DEA模型，除了要关注环境因素的影响外，还要考虑随机噪声的影响，但由于随机噪声的影响不能进行有效分离，因此需要借助于SFA回归。通过关注第一阶段投入的松弛变量：

$$S_{ni} = x_{ni} - X_n\lambda \geqslant 0\ (n=1,\ \cdots,\ N;\ i=1,\ \cdots,\ I) \tag{5-2}$$

其中，S_{ni}、x_{ni}是第一阶段第i个省级政府、第n种公共文化服务投入变量的冗余和投入数值，$X_n\lambda$为第i个省级政府、第n种公共文化服务投入变量在效率前沿面的最优映射。因此，建立SFA回归函数：

$$S_{ni} = f(z_i;\ \beta_n) + v_{ni} + u_{ni}\ (n=1,\ \cdots,\ N;\ i=1,\ \cdots,\ I) \tag{5-3}$$

其中，$f(z_i;\ \beta_n)$是可行松弛前沿，z_i是环境变量，β_n为环境变量的系数，$v_{ni}+u_{ni}$为混合误差项，v_{ni}表示随机干扰，u_{ni}表示管理无效率。设定$u_{ni}\sim N^+(0,\ \sigma^2_{um})$表示统计噪声，$u_{ni}\geqslant 0$表示管理无效率。假定$u_{ni}\sim N^+(u_n,\ \sigma^2_{um})$且$v_{ni}$、$u_{ni}$和$z_i$之间相互独立。关于管理无效率的分离公式，借鉴罗登跃（2012）、陈巍巍等（2014）的公式，有：

$$E(u_i \mid \varepsilon_i) = \frac{\lambda\sigma^*}{1+\lambda^2}\left[\frac{\varphi\left(\frac{\varepsilon_i\lambda}{\sigma}\right)}{\phi\left(\frac{\varepsilon_i\lambda}{\sigma}\right)} + \frac{\varepsilon_i\lambda}{\sigma}\right] \tag{5-4}$$

其中，$\sigma_*^2=\sigma_u^2\sigma_v^2/\sigma^2$，$\lambda=\sigma u/\sigma v$，$\varepsilon=v_{ni}+u_{ni}$，$\varphi$和$\phi$分别表示标准正态分布的概率密度函数和分布函数。SFA回归函数建立的目的是将所有决策单元处于相同的外部环境之中，为此，剔除了环境因素以及随机因素对于效率评价的影响。相应的调整公式如下：

$$x^A_{ni} = x_{ni} + [\max\{z_i\beta_n\} - z_i\beta_n] + [\max\{v_{ni}\} - v_{ni}]\ (n=1,\ \cdots,\ N;\ i=1,\ \cdots,\ I) \tag{5-5}$$

其中，x^A_{ni}表示调整后的投入，x_{ni}表示调整前的投入，$[\max\{z_i\beta_n\}-z_i\beta_n]$表示调整的外部环境因素量，$[\max\{v_{ni}\}-v_{ni}]$则表示将所有决策单元置于相同外部环境下。

3.第三阶段：调整后DEA-BCC模型。

运用BCC模型，剔除了环境因素和随机因素影响之后，计算投入与原始产出数据的效率值。

（二）Malmquist指数模型

在分析十年截面数据的基础上，用Malmquist指数模型纵向分析十年面板数据财政支出效率。1953年，Malmquist首先提出这个指数，Crosskopf 和 Fare等在此指数基础上，建立了TFPch（全要素生产率）指数。因为可以观察两个不同时段，进而可据此测算效率的动态变化过程，计算公式如下：

$$TFP=\frac{D_{t+1}^{u}(x_{t+1},y_{t+1})}{D_{t}^{u}(x_t,y_t)}\times\left[\frac{\dfrac{D_{t+1}^{c}(x_{t+1},y_{t+1})}{D_{t}^{c}(x_t,y_t)}}{\dfrac{D_{t+1}^{u}(x_{t+1},y_{t+1})}{D_{t}^{u}(x_t,y_t)}}\right]\times$$

$$\left[\frac{D_{t}^{c}(x_t,y_t)}{D_{t+1}^{u}(x_t,y_t)}\times\frac{D_{t}^{c}(x_{t+1},y_{t+1})}{D_{t+1}^{u}(x_{t+1},y_{t+1})}\right]^{\frac{1}{2}}$$

$$PEC=\frac{D_{t+1}^{u}(x_{t+1},y_{t+1})}{D_{t}^{u}(x_t,y_t)},$$

$$SE=\frac{\dfrac{D_{t+1}^{c}(x_{t+1},y_{t+1})}{D_{t}^{c}(x_t,y_t)}}{\dfrac{D_{t+1}^{u}(x_{t+1},y_{t+1})}{D_{t}^{u}(x_t,y_t)}},$$

$$TC=\left[\frac{D_{t}^{c}(x_t,y_{t+1})}{D_{t+1}^{c}(x_t,y_t)}\times\frac{D_{t}^{c}(x_{t+1},y_{t+1})}{D_{t+1}^{c}(x_{t+1},y_{t+1})}\right]^{\frac{1}{2}} \quad (5-6)$$

式5-6反映了从t期到t+1期的全要素生产率的动态变化，其中，TFP代表全要素生产率指数，PEC代表纯技术效率指数，SE为规模效率指数，TC为技术进步指数。所以全要素生产率计算公式为：

$$TFP=PEC\times SE\times TC=EC\times TC \quad (5-7)$$

第三节
基本公共文化服务供给效率评价结果分析

一、三阶段DEA实证结果

本章使用Deap 2.1软件对投入导向的BCC模型进行测评，测算结果如表5-2所示（含第一阶段和第三阶段DEA）。在初始阶段，31个省区市的综合技术效率均值为（0.735），为中上水平；纯技术效率水平均值为（0.852）；规模效率水平均值为（0.869）。各省区市公共文化投入效率差异化明显，辽宁、江苏、安徽、山东、等6个省区市处于生产前沿面，综合技术效率为1；14个省份综合技术效率值低于0.7。

表5-2　　2020年省级政府基本公共文化服务供给绩效对比

省区市	第一阶段			第三阶段		
	综合技术效率	纯技术效率	规模效率	综合技术效率	纯技术效率	规模效率
北京	0.484	1	0.484	0.741	1	0.741
天津	0.484	1	0.484	1	1	1
河北	0.747	0.803	0.930	0.874	0.968	0.903
山西	0.714	1	0.714	1	1	1
内蒙古	0.510	0.563	0.907	0.716	0.724	0.989
辽宁	1	1	1	1	1	1
吉林	0.572	0.608	0.941	0.865	0.866	0.999
黑龙江	0.740	0.869	0.852	1	1	1
上海	0.725	1	0.725	0.978	1	0.978
江苏	1	1	1	1	1	1
浙江	0.924	1	1	1	1	1
安徽	1	1	1	1	1	1
福建	0.606	0.809	0.749	0.750	0.892	0.841

续表

省区市	第一阶段			第三阶段		
	综合技术效率	纯技术效率	规模效率	综合技术效率	纯技术效率	规模效率
江西	0.895	0.947	0.945	0.994	1	0.994
山东	1	1	1	1	1	1
河南	1	1	1	1	1	1
湖北	0.596	0.720	0.827	0.869	1	0.869
湖南	0.860	0.987	0.871	1	1	1
广东	0.774	0.992	0.781	0.795	0.948	0.838
广西	0.587	0.588	0.998	0.869	0.872	0.997
海南	0.522	0.523	0.998	0.691	0.692	0.998
重庆	0.693	0.735	0.943	0.944	0.945	0.999
四川	0.775	1	0.775	0.960	1	0.960
贵州	0.626	0.629	0.995	0.758	0.765	0.990
云南	0.524	0.525	0.999	0.716	0.717	0.999
西藏	1	1	1	1	1	1
陕西	0.733	1	0.733	1	1	1
甘肃	0.731	1	0.731	1	1	1
青海	0.332	0.461	0.719	0.563	0.595	0.945
宁夏	0.559	0.935	0.598	0.860	1	0.860
新疆	0.665	0.772	0.920	0.927	0.928	0.999
均值	0.735	0.852	0.869	0.899	0.933	0.965

由表5-2可见，2011~2020年，辽宁、江苏、安徽、山东、河南和西藏每年基本上是有效供给，其他省区市在公共文化服务供给效率上均有不同程度的效率损失。其中有18个省区市的年均值低于平均数，占总数的58%，说明当前我国大部分省区市在公共文化服务的供给上存在效率损失问题。

将全国31个省区市2011~2020年的公共文化服务供给效率值累加后的平均值，作为各省区市当年的公共文化服务供给效率值，进而计算出全国当年的公共文化服务供给效率值（见图5-1）。由图5-1可见，从全国范围纵向来看，公共文化服务供给效率2011年的值最低，为0.791；2017年的值最高，为0.922；十年均值为0.872，说明公共文化投入的12.8%发生浪费，地方政府在公共文化服务供给效率方面存在改进空间。公共文化服务供给效率值总体水平不低，随着经济发展呈现缓慢上升趋势，但资源利用率有待提高。

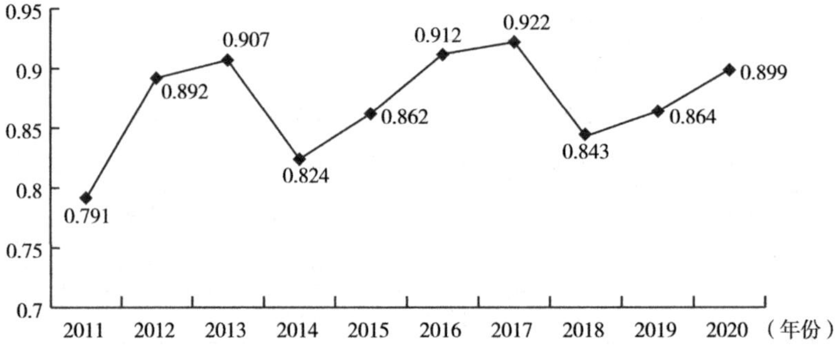

图5-1 全国公共文化服务供给效率值变化趋势（2011~2020年）

将全国31省区市按照地理区位划分为东、中、西部[①]，将这三大区域内各省区市每年的公共文化服务供给效率值累加后的平均值，作为各区域该年的公共文化服务供给效率值，进而作出2011~2020年东、中、西部地区公共文化服务供给效率变化趋势图（见图5-2）。由图5-2可见，不同地区的公共文化服务供给效率存在差异，但差异有减小的趋势。总的来看，西部地区各省区市的公共文化服务供给效率最低；中部地区各省区市的公共文化服务供给效率最高；东部地区各省区市的公共文化服务供给效率居中。

将2011~2020年全国31个省区市的公共文化服务供给效率值累加后的平均值，作为各省区市考察期间的公共文化服务供给效率平均值，按照从小到大的顺序排列，结果如图5-3所示。由图5-3可见，各省区市

① 依据国家统计局的划分，东部地区包括北京、天津、辽宁、上海、江苏、浙江、福建、山东、广东、海南、河北11个省市；中部地区包括吉林、黑龙江、山西、湖南、湖北、河南、安徽、江西8个省份；西部地区包括四川、重庆、内蒙古、广西、云南、贵州、陕西、甘肃、青海、宁夏、新疆、西藏12个省区市。

的公共文化服务供给效率有着较大差异，存在显著的不均衡现象。在效率值大于0.9的省区市中，西部地区有新疆、广西、四川、甘肃四个省级行政区；中部地区有河南、安徽、江西、湖南、黑龙江、湖北六个省级行政区；东部地区有广东、山东、江苏、辽宁、河北、浙江、上海七个省级行政区。一般经济发展水平较高、政府扶持力度大或具有地方特色的省级行政区，公共文化服务供给效率值也较高。

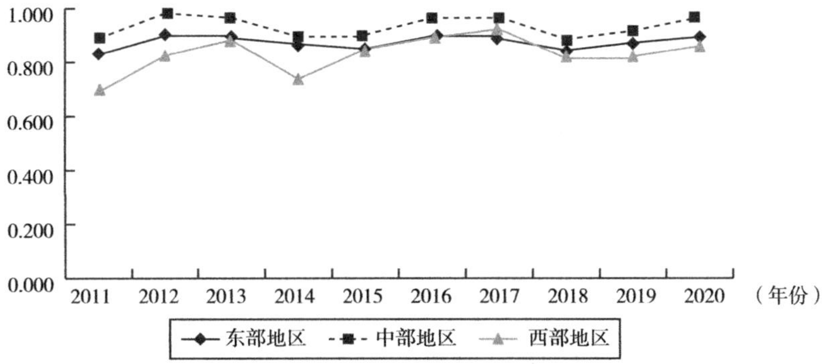

图5-2　东、中、西部地区公共文化服务供给效率值变化趋势（2011~2020年）

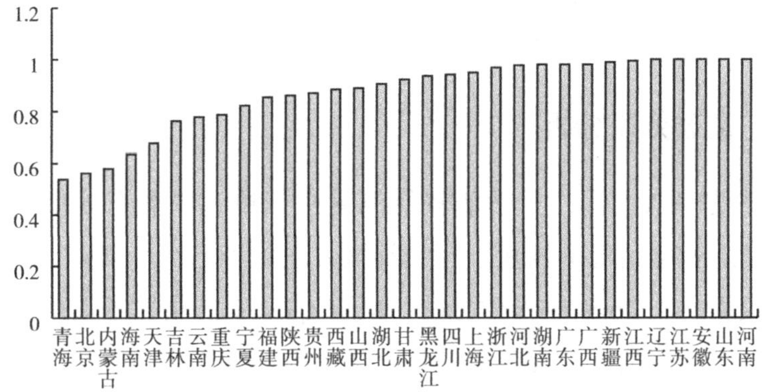

图5-3　内地31个省级政府公共文化服务供给效率均值（2011~2020年）

二、规模报酬分析

从2011~2020年各省区市第一阶段规模报酬来看，6个省区市的规模报酬没有发生变化，21个省区市的规模报酬处于递减状态，意味着技术进步速度越来越慢（见表5-3）。从2011~2020年各省区市第三阶段规模报酬来看，规模递增省区市数量有所增加，数据结果与真实情况相符。结合表5-2，通过比较DEA第一阶段与第三阶段的结果可见，受外部环境因素影响，大部分省区市并未达到最优经济规模，部分边际效益的损失带来各省区市供给效率的差别。

表5-3　　2011~2020年各省区市规模报酬变动趋势统计分析

年份		2011	2012	2013	2014	2015	2016	2017	2018	2019	2020
第一阶段	递增	0	0	0	0	0	0	0	0	2	4
	递减	20	21	21	23	21	22	19	20	21	21
	不变	11	10	10	8	10	9	12	11	8	6
	总计	31	31	31	31	31	31	31	31	31	31
第三阶段	递增	0	1	3	0	1	0	1	2	2	4
	递减	20	15	11	22	15	13	11	17	17	12
	不变	11	15	17	9	15	18	19	12	12	15
	总计	31	31	31	31	31	31	31	31	31	31

三、动态效率分析

三阶段DEA方法，虽然能较好测量决策单元的静态效率，但欠缺对效率动态变化情况的衡量。为弥补该方法的不足，本章研究添加了基于面板数据的Malmquist指数方法。Malmquist生产指数不仅可以反映我国内地各省区市的公共文化服务供给效率的动态变化，而且可以反映不同时期的技术进步变化态势。由于不同年份的三阶段DEA效率前沿面存在差异，意味着不同年份间的效率值没有可比性，更不能据此进行时序对比分析。基于此项特征，本章对2011~2020年各省区市的全要素生产率进行分解，并对其分解指标进行定量分析。相关指标描述性统计见表5-4。利用 Deap 2.1 对数据进行动态分析，计算结果如表5-5、表5-6所示。

表5–4　基本公共文化服务供给的全要素生产率增长率分解指标的描述性统计

指标名称	均值	最小值	最大值	指数大于 1 的省区市数量	有效率的省区市占比（%）
综合技术效率	0.992	0.942	1.045	10	32.26
技术进步	0.938	0.897	0.980	0	0
纯技术效率	0.984	0.918	1	0	0
规模效率	1.008	0.965	1.066	16	51.61
全要素生产率	0.931	0.874	1.016	1	3.23
技术效率指数和技术进步指数				1	3.23

其中，纯技术效率变化（PEC），表示在规模报酬变动假定下的技术效率变化；技术变化（TC），表示生产前沿面的移动对生产率变化的影响程度；规模效率变化（SC），代表规模经济对生产率变化的影响程度；全要素生产率变化（TFP），代表规模经济对生产率变化的影响程度。若全要素生产率变动指数大于1，意味着考察期内综合生产率水平在提升；若全要素生产率变动指数小于1，则表示考察期内综合生产率水平不容乐观。如果全要素生产率变动指数的某一构成指标变化比率大于1，则表明它是促进综合生产率提高的关键因素；反之，则表明它导致了综合生产率水平的降低。

分年度期间来看，2011~2020年各省区市公共文化服务供给效率的全要素生产率（TFP）均值为0.931，小于1，即全要素生产率年平均增长–6.69%，这表明各省区市在考察期间内，公共文化服务的全要素生产率一直处于负增长态势。从分解指数来看，综合技术效率指数（EC）为0.992，即综合技术效率年平均增长–0.8%，其分解指数纯技术效率指数（PC）为0.984，年平均增长–1.6%，规模效率指数（SC）为1.008，年平均增长0.8%。这说明本研究样本期间内，各省区市公共文化服务供给效率的提高，主要来自规模扩张，管理低效也得到弥补；从技术进步指数（TC）来看，技术进步指数为0.938，技术进步年平均增长–6.2%。技术进步指数结果表明，在考察期内，技术进步指数并不高，现有公共文化服务产出水平未能实现和体现创新技术的高效运用，亟待新兴技术与投入的有效结合，实现更高的效率水平。

表5–5　分年度公共文化服务供给效率Malmquist指数及分解指标

年份	综合技术效率	技术进步	纯技术效率	规模效率	全要素生产率
2011~2012	0.968	0.903	0.946	1.023	0.875
2012~2013	1.064	0.929	0.995	1.069	0.988
2013~2014	0.985	0.976	1.025	0.961	0.961
2014~2015	1.008	0.886	0.982	1.026	0.893
2015~2016	0.970	0.934	1.029	0.943	0.907
2016~2017	1.013	0.936	0.973	1.041	0.948
2017~2018	0.952	1.012	0.968	0.983	0.963
2018~2019	1.011	0.924	1.010	1.001	0.934
2019~2020	0.964	0.948	0.934	1.032	0.914
均值	0.992	0.938	0.984	1.008	0.931

分省区市来看，保持全要素生产率正增长的地区是天津市，其中，没有任何省区市实现技术进步的正向变化，而综合技术效率实现正增长的省区市有10个，分别是北京、天津、山西、内蒙古、浙江、海南、重庆、西藏、陕西、甘肃，占全部省区市的32.26%；纯技术效率变化为正的省区市数为0个；而规模效率变化为正的省区市有16个，分别是北京、天津、山西、内蒙古、吉林、黑龙江、浙江、海南、重庆、贵州、云南、西藏、陕西、甘肃、青海、宁夏，占全部省区市的51.61%，规模扩张促进了全要素生产率的提高，弥补了管理低效率。此外，同时具备技术进步和技术效率改善特征的省区市有1个，这说明我国公共文化服务供给效率还有很大的提升空间，“瓶颈”在于供给效率增长乏力，公共服务供给效率在省区市间存在差距。

表5–6　分省区市公共文化服务供给效率Malmquist指数及分解指标

省区市	综合技术效率	技术进步	纯技术效率	规模效率	全要素生产率
北京	1.005	0.974	1	1.005	0.979
天津	1.037	0.980	1	1.037	1.016

续表

省区市	综合技术效率	技术进步	纯技术效率	规模效率	全要素生产率
河北	0.968	0.903	0.976	0.992	0.874
山西	1.002	0.935	1	1.002	0.937
内蒙古	1.019	0.944	0.975	1.046	0.962
辽宁	1	0.971	1	1	0.971
吉林	0.989	0.953	0.946	1.045	0.943
黑龙江	0.988	0.931	0.985	1.003	0.919
上海	0.965	0.972	1	0.965	0.938
江苏	1	0.943	1	1	0.943
浙江	1.024	0.932	1	1.024	0.954
安徽	1	0.950	1	1	0.950
福建	0.971	0.963	0.977	0.994	0.935
江西	0.988	0.918	0.994	0.994	0.907
山东	1	0.947	1	1	0.947
河南	1	0.931	1	1	0.931
湖北	0.949	0.954	0.968	0.981	0.906
湖南	0.983	0.907	0.998	0.985	0.892
广东	0.972	0.910	0.999	0.973	0.884
广西	0.942	0.940	0.943	1	0.886
海南	1.012	0.935	0.949	1.066	0.946
重庆	1.012	0.941	0.997	1.015	0.953
四川	0.990	0.897	1	0.990	0.888
贵州	0.980	0.903	0.978	1.002	0.885
云南	0.975	0.937	0.962	1.014	0.914
西藏	1.045	0.930	1	1.045	0.972
陕西	1.021	0.901	1	1.021	0.921
甘肃	1.012	0.911	1	1.012	0.922
青海	0.959	0.944	0.918	1.045	0.905
宁夏	0.997	0.970	0.993	1.005	0.967
新疆	0.960	0.968	0.965	0.996	0.930
均值	0.992	0.938	0.984	1.008	0.931

第 四 节 基本公共文化服务供给效率总体评价与优化策略

一、基本公共文化服务供给效率总体评价

绩效值总体水平不低，并伴随经济发展呈现缓慢上升趋势，但十年均值为0.872，意味着资源利用率还有提升空间。省区市间公共文化服务供给效率存在差异，但差异有减小的趋势，规模扩张促进了全要素生产率的提高，弥补了管理低效率。

在不考虑外部环境与统计噪声干扰情况下，各省区市公共文化服务供给的综合技术效率（TE）均值为0.778，纯技术效率（PTE）均值为0.917，规模效率（SE）均值为0.853，部分省区市公共文化服务供给的低效率源于规模效率的无效，可能原因在于一些官员的贪腐行为造成供给效率的下降。

环境变量对于公共文化服务供给效率的影响不一致，其中，地方经济发展水平、财政自主权提高，有利于公共文化服务供给效率的提升，而文化事业费占地方财政支出的比重、城镇化率和受教育水平对于各省区市公共文化服务供给效率提升的效用较弱。新疆、西藏等地的综合效率值与经济发展水平关系不大，这些地区财力主要依靠中央政府转移支付，应减少依赖，提高财政自主性。

在剔除环境变量与随机误差因素的影响后，各省区市的公共文化服务供给效率均有明显提升。综合技术效率值第三阶段比第一阶段具有较大幅度提高，从0.778增长到0.871；纯技术效率值从0.917增加到0.947；而规模效率值从0.853上升到0.921。这些也意味着当前各省区市公共文化服务供给绩效的提高，大部分得益于规模层面，小部分得益于技术层面，技术进步得相对缓慢，限制了各省区市公共文化服务供给效率的提

升。从全国总体来看，公共文化服务投入有冗余，大部分省区市处于规模报酬递减阶段，因此，在控制这些地区投入规模的同时，应注重因地制宜，充分利用好规模效应。

二、基本公共文化服务供给效率提升策略

（一）加强财政资金监管

公共文化服务供给资金存在一定冗余和浪费，因而应健全财政资金管理制度。推动公共文化服务财政资金管理的立法工作，让资金使用全过程公开透明可监督。公共文化服务主管部门应在政府网站上公开资金的流向和建设成果，并引入考评机制，实现资金使用效率最大化。为保证客观性、公正性，可引入第三方评估机制，同时鼓励公众监督举报不合理现象，促进财政资金使用达到最佳效果。

（二）文化与科技携手共进

加强建设国家数字平台，通过云计算、大数据等现代信息技术的广泛应用，促进政府更高效、便利的公共文化服务供给。构建预算管理一体化的绩效动态监督管理体系，即“互联网+绩效+管理”模式，其中，财政部门作为监管主体，首先需要明确其责任界限，其次其主体业务需要完全被动态监管体系所覆盖，以此更有效地促进公共文化资源的最优配置，实现投入效益的最大化。

（三）优化财政支出结构

公共文化服务资金重投入轻投向，会直接带来财政投入的低效乃至无效使用。因此，在保证既定投入规模的前提下，有必要结合各地实际情况，优化财政支出结构，将有限的财政资金更多地投向当地居民偏好的公共文化服务项目，提高公共文化服务项目的吸引力和参与度，进而从根本上优化公共文化服务的财政投入效率，促进公共文化服务与商业性文化产品相辅相成。

（四）深化财政分权改革

由于信息不对称，地方政府能更准确及时地了解当地居民的偏好，适当提高财政分权度，会提升地方政府公共文化服务供给主动性与成效，有助于减少政府公共文化投入资源的浪费，提高政府公共文化服务的投入效率，促进现代公共文化服务体系建设完善。

第六章 农村基本公共文化服务有效供给影响因素分析

在政府高度重视下，我国公共文化服务建设不仅有量的提升也有质的飞跃。截至2020年底，全国文化系统共有公共图书馆3203个，总流通56953万人次；文化馆3327个；有线电视实际用户2.10亿户；广播节目综合人口覆盖率为99.4%，取得了令人瞩目的成绩。[①]伴随着经济社会发展和生活水平的提高，不论是市民还是农民，都不再只是关注衣食住行的满足，追求高层次的精神文化生活成为必然趋势。党的十九大报告明确提出，我国社会的主要矛盾已转化为人民日益增长的美好生活需要和不平衡不充分发展之间的矛盾。伴随着人民群众日益增长的公共文化需求，探究如何为人民群众提供更有效的公共文化服务，解决公共文化服务供给中存在的不平衡与不充分问题，最终满足广大人民群众对美好生活的向往与需求，具有重要意义。

第一节 农村基本公共文化服务有效供给影响因素的理论分析

根据瓦格纳法则，随着人均收入的提高，人们对于公共产品的需求

① 数据来源于国家统计局《2020年国民经济和社会发展统计公报》。

增大，尤其是精神文化层面的公共需求增加，政府为保证国家经济社会管理职能的正常发挥，必然需要提高财政支出规模，同时优化支出结构，相应带来公共文化服务有效供给的增加。

根据财政分权理论，我国公共文化服务供给的事权和支出责任主要在地方政府，通过地方政府的财政能力和政治经济激励来实现其有效供给。一方面，地方政府财政能力突出，拥有更多的财权，意味着更有能力实施各项公共服务的供给；另一方面，在财政分权体制下，地方政府拥有一定的财权和事权，而作为“经济人”的地方政府在GDP考核机制下，出于政绩表现以及职位晋升目的，会偏好于政绩表现明显的公共服务项目供给，如交通、医疗卫生、基础设施等，而忽略建设周期长、政绩效应较弱的公共服务项目建设，如公共文化服务，这将不利于公共文化服务水平的提高。但伴随着人民生活水平的提高，人民会越来越重视精神文明方面的追求，为了吸引外来投资和高质量人才，倒逼地方政府会注重对公共文化服务的供给，这将会促进公共文化服务水平的提高。

根据城乡二元结构理论，由于长期以来的城乡二元体制机制，我国农村地区发展一直处于滞后状态。农民出于提高乡村生活质量或积攒逃离乡村生活费用的目标（贺雪峰，2010）[①]，选择外出务工，随着城市教育、文化等方面优势愈发显露，逃离乡村生活成为农民外出务工的主要目的。农村人口大规模、持续性向城镇迁移，城镇化的进程不断加快，基层农村文化呈现“空心化”与“格式化”的特征。受诉求表达能力和渠道限制，农民真正的文化需求难以明确；受中青年外出务工等影响，老年人与儿童留守的农村格局使得农村公共文化服务发展所需的人才流失，内在动力欠缺；传统乡土文化受城镇化进程的影响，也面临认同危机，这些不利于农村基本公共文化服务的开展，将制约我国农村地区的基本公共文化服务供给，也拖慢了我国整体公共文化服务水平提升的速度。

根据供需理论，公共产品供给要与需求均衡匹配，而公共产品需求一般受到收入水平、群体偏好等影响。伴随着人口老龄化、老年人口比

① 贺雪峰，魏华伟.当前三农问题中的十个辩证关系［J］.理论视野，2010（03）：38–41.

重的不断上升，整个社会对于养老、医疗卫生、社会保障、文化等方面的公共产品与服务的需求增加。从基本公共文化服务供给角度来看，老年人退休在家，个人时间充足，对于休闲娱乐层面的追求较为突出，同时拥有较为节俭的消费习惯，是公共文化服务的强大需求者，其对文化服务的需求强度直接影响基本公共文化服务的供给水平。

针对农村基本公共文化服务供给低效，李金龙、刘巧兰（2018）[①]提出话语表达能力比较低是导致农村居民话语权利不充分的主要原因之一，解决这一问题迫切需要提高农民科学文化水平，保证义务教育的全覆盖则是最基础的方法。教育作为向公共文化建设输送人才的主要渠道，理应受到高度重视。教育的重要作用在于培育更多有志青年，尤其在农村地区，培育出的人才因乡土乡情，更愿意投入农村发展与公共文化服务建设，更能在农村留得住。受过高等教育人口占比的高低，不仅反映了科学文化水平的高低，也在一定程度上代表了国家人才的多少，高等教育的普及对于我国公共文化服务的有效供给必然有促进作用。

第二节 基本公共文化服务有效供给影响因素的实证模型设计

一、模型构建

在以上理论分析基础上，为实证分析各因素对公共文化服务供给水平的影响程度，借鉴韩军、刘学芝（2019）[②]的研究，构建以下模型：

$$Cul_{i,t}=F(fd_{i,t}, lnpgdp_{i,t}, pref_{i,t}, urb_{i,t}, aging_{i,t}, sch_{i,t}) \quad (6\text{-}1)$$

① 李金龙，刘巧兰．话语赋权：农村公共文化服务高质量供给的基本保障［J］．图书馆建设，2018（10）：23-31.

② 韩军，刘学芝．基于超效率DEA的公共文化服务供给效率及其影响因素研究［J］．宏观经济研究，2019（03）：168-175.

其中，$Cul_{i,t}$表示基本公共文化服务，接下来将采用主成分分析法所提取的被解释变量。i、t 分别表示第i省级行政区和第t年份。

二、变量说明

（一）被解释变量

基本公共文化服务供给衡量指标的选择，不能仅从政府对基本公共文化投入资金来判定，更要关注基本公共文化服务的实际建设产出，如文化设施建设、公共文化活动举办情况等。基于以上分析，参照国家基本公共文化服务标准，从投入、产出两个角度，拟从资金投入、设施供给、活动举办、人员配备四个方面对基本公共文化服务进行度量，具体见表6–1。相应三级指标的描述性统计见表6–2。

表6–1　　基本公共文化服务供给指标分解

一级指标	二级指标	三级指标	单位
投入指标	资金投入	文化事业费	元
	从业人员数目	公共图书馆从业人员	人
		文化站从业人员	人
产出指标	公共文化设施	公共图书馆数	个
		文化站数	个
	公共文化活动	人均藏书	本
		活动举办次数	次

表6–2　　基本公共文化服务供给指标描述性统计

变量	最大值	最小值	平均值	中位数	标准差	样本量
文化事业费	994681	7417	152316	120734	128845	403
公共图书馆数	204	3	96.80	106	45.46	403
文化站数	4601	165	1287	1313	828.2	403
人均藏书	0.870	0.230	0.444	0.430	0.117	403
提供文化服务次数	154613	352	31930	26347	24838	403
公共图书馆从业人员数	4542	60	1712	1661	892.8	403
文化站从业人员数	9803	13	3297	3105	1997	403

本章使用Stata软件，在对指标数据进行标准化处理的基础上进行主成分分析，具体分析结果见表6–3。按照主成分分析法的原则，特征值大于1，可以作为主成分指标。按照这一原则，第一主成分和第二主成分满足要求，主成分有2个，累计贡献率81.3%，即反映了原始数据81.3%的信息。相较于单个原始数据而言，第一、第二主成分表达的信息更加综合、更具有说服力。

表6–3　　基本公共文化服务供给主成分提取结果

成分	特征值	特征值之差	方差贡献率	累计贡献率
第一主成分	3.946	2.199	0.564	0.564
第二主成分	1.747	1.248	0.250	0.813
第三主成分	0.499	0.145	0.071	0.885
第四主成分	0.354	0.164	0.051	0.935
第五主成分	0.190	0.026	0.027	0.962
第六主成分	0.163	0.064	0.023	0.986
第七主成分	0.100	0.000	0.014	1.000

相应地，原三级指标，对应的主成分表达式分别为：

$$F_1=0.370Cul+0.397t_1+0.378w_1-0.0295t_2+0.407w_2+0.426t_3+0.464w_3 \quad (6-2)$$

$$F_2=0.431Cul-0.370t_1-0.382w_1+0.640t_2+0.311w_2+0.136t_3-0.0731w_3 \quad (6-3)$$

主成分特征变量见表6–4。

表6–4　　基本公共文化服务供给主成分特征向量

变量	Cul	t_1	w_1	t_2	w_2	t_3	w_3
第一主成分	0.37	0.397	0.378	–0.0295	0.407	0.426	0.464
第二主成分	0.431	–0.37	–0.382	0.64	0.311	0.136	–0.0731

KMO检验统计量用来测度变量之间相关关系强弱，KMO统计量取值在0和1之间。KMO值越接近于1，变量间的相关性越强，原变量越适合作因子分析，主成分分析越能发挥较好的约束作用。依据常用的KMO度量标准，KMO值大于0.7，表示适合使用主成分分析方法。

通过KMO检验，得到KMO统计量取值为0.756（见表6-5），表明可以利用主成分分析法，得出我国公共文化服务供给水平的综合指标：

$$y=(0.564f_1+0.250f_2)/0.813 \tag{6-4}$$

表6-5　　基本公共文化服务供给指标KMO检验结果

变量	KMO
文化事业费	0.732
公共图书馆数	0.716
文化站数	0.684
人均藏书	0.558
提供文化服务次数	0.814
公共图书馆从业人员数	0.810
文化站从业人员数	0.835
总计	0.756

（二）解释变量与控制变量

pgdp是人均国内生产总值，表示地区经济发展水平。依据瓦格纳法则，一个地区经济发展水平越高，越有能力提供更丰富更优质的公共文化服务。为了消除异方差性，对pgdp取对数，作为重要解释变量加入模型。

fd表示财政分权度。财政分权指标的衡量，受到学界普遍认可的有三种：收入分权、支出分权、财政自主度，本章选用的是财政支出分权。其原因在于，财政收入分权表明各级政府财政收入中中央拨款的比重，属于资金来源范畴，表示公共服务供给的可能性，财政自主度表明地方政府的财政自主程度。比较而言，财政支出与各项公共服务的实际供给关联性更强，因而选用财政支出分权来衡量财政分权，并验证其对公共文化服务供给的影响更科学合理。安彦林、李齐云（2017）研究也得出同样结论，他们认为在三种衡量财政分权指标中，对公共文化服务供给影响程度最高是以财政支出分权度量的财政分权。借鉴周业安、章泉（2008）研究，财政支出分权计算公式如下：

$$财政支出分权=\frac{人均全省预算内财政支出}{人均全省预算内财政支出+人均中央预算内财政支出} \quad (6\text{-}5)$$

pref表示政府偏好或者政府重视程度，采用各省区市文化事业费占各省区市财政支出的比重进行度量。政府越重视公共文化服务的供给，相应会增加文化事业费的投入，则文化事业费投入会越多，越有利于提高公共文化服务供给水平。

urb表示城镇化率，采用各省区市城镇常住人口占全部人口的比重进行度量。该比值越大，城镇化率越高，意味着社会发展水平越高，企业、社会组织等主体发育更健全，能够顺应居民需求，提供更丰富的公共文化服务。因此，在社会高度发展的情况下，居民文化需求越来越多元，更多会诉诸市场主体与社会主体的供给，不再只是依赖政府提供的公共文化服务。

age表示社会老龄化程度，采用65岁以上老年人口占比进行度量。一个地区老龄人口占比越大，意味着老龄化程度越高。相较于年轻人群体，老年人群体受身体状况、消费能力与消费习惯等因素制约，会更加依赖政府提供的公共文化服务。

sch表示居民受教育程度，采用大专及以上文化水平人口占比进行度量。比值越大，说明当地整体文化素质水平越高，相应群体对公共文化服务需求的表达意愿越大、表达能力越强，越有利于督促基层政府提供公共文化服务。

三、数据来源

本章使用2007~2020年我国31个省（自治区、直辖市）的数据，探究影响基本公共文化服务供给的主要因素。其中，利用主成分分析方法获取基本公共文化服务供给指标时，所用数据来自历年《中国文化文物统计年鉴》《文化和旅游发展统计公报》等。人均国内生产总值、政府重视度、城镇化率、老龄化程度等指标来自《中国统计年鉴》《中国城市年鉴》。财政分权度计算所需要的各省（自治区、直辖市）人均财政收支数据，来自《中国财政年鉴》，人均中央预算内财政收支数据通过《中国统计年鉴》

的中央预算内财政收支与各地总人口核算得出。受教育年限及教育水平数据，来自《中国教育年鉴》。主要变量的描述性统计见表6–6。

表6–6　　基本公共文化服务供给影响因素描述性统计

变量	最大值	最小值	平均值	中位数	标准差	样本量
y	6.073	–2.786	–4.52e–09	–0.127	1.435	403
lnpgdp	11.85	8.657	10.47	10.52	0.601	403
fd	0.961	0.669	0.838	0.840	0.0612	403
pref	0.870	0.230	0.444	0.430	0.117	403
urb	89.60	21.13	53.16	51.71	14.39	403
age	15.16	4.824	9.573	9.352	2.071	403
sch	11892	0.244	3534	3150	2346	403

第三节　基本公共文化服务有效供给影响因素的实证结果分析

一、基准回归分析

首先，对文中重要解释变量经济发展水平作基准回归分析，验证经济发展水平对我国基本公共文化服务供给水平的影响；其次，加入控制变量，进行混合回归分析；最后，考虑到可能存在省级差异，进行固定效应、随机效应分析。具体的回归结果见表6–7。

表6–7　　基本公共文化服务供给影响因素基准回归结果

	OLS	OLS	FE	RE
人均GDP （lnpgdp）	2.079*** （18.04）	0.512*** （3.57）	0.745*** （5.74）	0.907*** （7.49）
财政分权度 （fd）	–15.63*** （–13.82）	–2.663** （–2.98）	–2.477* （–2.59）	–3.121*** （–3.39）

续表

	OLS	OLS	FE	RE
政府偏好（pref）		3.117*** （10.24）	2.470*** （9.29）	2.402*** （9.11）
城镇化率（urb）		−0.0376*** （−8.67）	−0.00178 （−0.19）	−0.0199** （−2.73）
老龄化程度（age）		0.0482* （2.49）	0.0713*** （4.22）	0.0764*** （4.56）
受教育程度（sch）		0.000531*** （24.97）	0.000273*** （13.70）	0.000306*** （15.59）
cons	−8.670*** （−9.22）	−4.855*** （−5.24）	−8.376*** （−12.01）	−8.701*** （−13.16）
N	403	403	403	403

注：括号内为t统计量；***、**、*分别表示在1%、5%和10%的水平上具有统计显著性。

对上述模型进行F检验、LM检验、Hausman检验，得到检验结果p值均为0，因此优先考虑选择固定效应作为最终模型。因采用主成分分析法得到的综合指标，衡量我国各省区市公共文化服务供给水平，所以回归结果中系数不具有实际意义，只需要关注系数的正负方向与显著性程度分析。

二、分地区回归分析

通过对我国31个省（自治区、直辖市）按东、中、西部区域划分，分地区研究影响基本公共文化服务供给的因素，回归结果见表6–8。

在中部、西部地区的回归模型中，经济发展水平在1%水平上通过显著性检验，说明经济发展水平对该地区的基本公共文化服务供给具有显著正向影响。同时，中部地区经济发展水平系数2.003大于西部的1.202，这表明中部地区经济发展水平的提升对于基本公共文化服务供给的促进效果，比西部更明显。经济发展水平越高，相应的基本公共文化服务供给水平也越高，再次印证了瓦格纳法则的理论观点。东部地区的经济发展水平并不显著，原因在于东部地区是我国经济最发达地区，该地区居民对于公共文化的需求得到了极大满足，且该地区居民得到满足的精神文化服务，不是只局限于公共文化服务，而是会采用市场手段来满足个性化的私人文化消费需求。

从不同地区公共文化服务供给影响因素的实证结果看，财政分权对公共文化服务供给具有显著负向影响；政府偏好在东部、西部地区对基本公共文化服务的供给有显著正向影响效果；城镇化率在中部、西部地区有显著负向影响效果；老龄化程度仅在中部地区表现出明显影响；受教育程度对公共文化服务供给具有显著正向影响。

表6–8　基本公共文化服务供给影响因素分地区回归结果

	OLS	OLS	OLS
幸福感（y）	东部	中部	西部
人均GDP（lnpgdp）	0.187 （0.66）	2.003*** （7.33）	1.202*** （5.80）
财政分权度（fd）	−7.773** （−2.88）	−11.89*** （−5.01）	−6.828*** （−5.60）
政府偏好（pref）	3.484*** （7.18）	0.191 （0.44）	2.677*** （5.34）
城镇化率（urb）	−1.16e−05 （−0.00）	−0.0350** （−3.13）	−0.0552*** （−6.80）
老龄化程度（age）	0.00494 （0.14）	−0.102** （−3.19）	0.0224 （0.86）
受教育程度（sch）	0.000552*** （16.55）	0.000304*** （7.32）	0.000654*** （17.60）
cons	0.628 （0.28）	−9.607*** （−7.45）	−7.253*** （−6.45）
N	143	104	156

注：括号内为t统计量；***、**、*分别表示在1%、5%和10%的水平上具有统计显著性。

三、稳健性检验

通过替换重要解释变量，采用居民消费水平csm代替人均GDP，再次进行回归分析。稳健性检验结果与之前得出的结果基本一致，说明模型具有较好的稳健性（见表6–9）。唯一区别在于财政支出分权度符号发生了改变。本章认为财政支出分权度越高，地方政府掌握的支出权力越大，越有能力提供更丰富更优质的公共文化服务。尽管地方政府出于政绩和晋升目的，在公共服务供给中有所偏好，会造成基本公共文化服务供给量的相对规模下降，但在绝对规模上基本公共文化服务仍旧呈缓慢上升态势。

表6–9　　基本公共文化服务供给影响因素稳健性检验

	OLS	OLS	FE	RE
居民消费水平（csm）	0.000112*** （16.19）	0.0000182* （2.49）	0.0000275*** （6.32）	0.0000243*** （5.44）
财政分权度（fd）	−11.64*** （−10.90）	−1.283 （−1.77）	1.557* （2.08）	1.606* （2.33）
政府偏好（pref）		2.990*** （9.62）	2.684*** （10.19）	2.529*** （9.32）
城镇化率（urb）		−0.0336*** （−8.24）	0.0147 （1.91）	−7.18e−05 （−0.01）
老龄化程度（age）		0.0487* （2.48）	0.0616*** （3.65）	0.0762*** （4.40）
受教育程度（sch）		0.000552*** （28.05）	0.000221*** （9.67）	0.000288*** （12.78）
cons	8.094*** （9.56）	−1.156 （−1.76）	−5.056*** （−10.53）	−4.570*** （−9.18）
N	403	403	403	403

注：括号内为t统计量；***、**、*分别表示在1%、5%和10%的水平上具有统计显著性。

四、内生性检验

考虑到遗漏变量等问题导致模型可能存在内生性，本章拟采用较为常见的工具变量法检验模型内生性。借鉴学术界内生性检验的普遍做法，选取lnpgdp的滞后一期和滞后二期作为工具变量，利用二阶段最小二乘法进行估计。

通过检验工具变量的强弱发现，Shea's partial R^2为0.9437，且F统计量为2788.92，远超过10，其P值为0.0000，工具变量与内生解释变量有较强相关性。过度识别检验中Sargan、Basmann 的p值分别为0.1510 、0.1547，都接受原假设，说明工具变量有效。即人均国内生产总值的对数滞后一期、滞后二期指标严格外生，与扰动项不相关，工具变量选取有效，回归结果具有参考意义。

检验结果见表6-10，重要解释变量lnpgdp的系数为0.5482136，系数为正，符合理论机理分析，且在1%的水平上显著。财政分权度、政府偏好、城镇化率、老龄化程度、居民受教育程度的系数分别为-3.53、3.478、-0.0413、0.0451、0.0005，系数符号未变，且均在1%水平上显著。

表6-10　　　　基本公共文化服务供给影响因素内生性检验

	人均 GDP（lnpgdp）	财政分权度（fd）	政府偏好（pref）	城镇化率（urb）	老龄化程度（age）	受教育程度（sch）
y	0.548*** （0.180）	-3.530*** （1.077）	3.478*** （0.340）	-0.0413*** （0.00517）	0.0451*** （0.0207）	0.000525*** （0.0000）

注：括号内为t统计量；***、**、*分别表示在1%、5%和10%的水平上具有统计显著性。

第四节　农村基本公共文化服务有效供给影响因素的实证结论与启示

一、农村基本公共文化服务有效供给影响因素的实证分析结论

（1）经济发展水平在1%的水平下通过显著性检验，符号为正，表明经济发展水平越高，越有利于政府提供公共文化服务。（2）财政支出分权度在1%水平下通过显著性检验，符号为负，表明对公共文化服务供给有显著负向影响。理论上讲，财政支出分权程度越高，地方政府拥

有的财力越多，越有能力供给公共文化服务。实证结果的负向影响说明，政府虽然拥有更多可支配的支出权力，但出于政绩表现等客观因素以及职位晋升等主观因素的考量，地方政府在公共服务供给时，会偏向于政绩明显的建设投入，如交通、医疗卫生等，而忽视公共文化服务供给。（3）政府重视程度在1%水平下通过显著性检验，符号为正，意味着各地方政府越重视公共文化服务的供给，相应地，地区的公共文化服务供给水平就越高。（4）老龄化程度在1%水平下通过显著性检验，符号为正，表明老龄人口占比越大，对公共文化服务的需求越高，因而会促进政府提供公共文化服务。（5）受教育水平在1%水平下通过显著性检验，符号为正，表明个体文化素质越高，文化需求觉醒越早，越容易表达出文化需求，越能督促政府加大公共文化服务的供给规模，促进公共文化服务在数量与效能上的双重提升。

二、农村基本公共文化服务有效供给影响因素的启示

（一）推进区域、城乡间协调发展

针对区域间发展不平衡问题，充分利用西部大开发、振兴东北老工业基地等区域协调发展战略，支持发展区域性特色优势产业，同时培育新兴产业带动第三产业发展，促进区域经济发展。针对城乡发展不平衡，政府政策要向农村地区倾斜，全面推进乡村振兴战略，促进城乡融合发展。

（二）提升地方政府公共文化服务供给动力与能力

从财政体制角度来看，当前应完善地方税体系、培育地方政府主体税种、赋予地方政府更多税收的征管权限，以确保地方政府的供给能力与供给水平、激励地方政府供给的内生动力。因而应改革地方政府官员考核方式，并采取定期开展教育培训的方式，增强地方政府官员对于基本公共文化服务的重视度，引导地方政府官员树立正确的公共文化服务供给观念与服务意识。

（三）精准供给公共文化服务

基层政府要精确识别公共文化服务参与度与需求度较高的人群。尤其在农村地区，针对各地人口构成，有针对性地供给与人口构成相匹配的公共文化服务。农村现状是青壮年劳动力大多外出务工，留守的主要是老年人与儿童。因此，针对老年人，可以较多地开展戏曲、看电影等不耗费体力的公共文化活动；针对留守儿童，可以依托学校组织图书阅览、体育活动比赛、红色电影话剧观看活动等，寓教于乐，既丰富日常学习生活，又提升爱国意识与思想情操，实现公共文化服务的有效供给。

（四）重视教育事业发展

教育通过增加人力资本积累，提高居民的生产能力和资源配置能力，促进整个国家经济社会的可持续发展。因此，立足国家长远发展，教育投入具有基础性、战略性投资属性。通过加大农村教育投入水平，基于数字技术，探索城乡教育资源共享机制，优化教育资源配置效率，促进城乡教育均衡发展，以此提升农村居民的需求表达意愿与需求表达能力，不仅可形成对公共文化服务供给的良性督导，而且可以有效缓解城乡差距。

第七章 城乡融合视域下农村基本公共文化服务供给机制优化策略

本章梳理了城乡融合理论和农村基本公共文化服务供给理论，以及我国城乡融合进程中的农村基本公共文化服务供给政策，阐述了农村基本公共文化服务供给演进脉络及尚存的问题，测度了基本公共文化服务供给的城乡非均衡、区域非均衡，实证分析了基本公共文化服务供给效率及影响因素。在以上分析的基础上，坚持需求导向、效率、公平、权责匹配等原则，优化农村基本公共文化服务供给机制，促进乡村振兴，实现城乡融合。

第一节 农村基本公共文化服务供给机制优化原则

如前所述，通过系统梳理新中国成立以来农村基本公共文化服务建设的历史变迁，可以发现，一方面，经过70多年的发展，我国农村基本公共文化服务的建设经历了重大变革；另一方面，现行农村基本公共文化服务供给机制仍然存在诸多有待完善的缺陷。因此，我国农村基本公共文化服务供给机制有待进一步优化与创新，并秉持和遵循以下基本原则。

一、需求导向原则

需求导向，是指在农村基本公共文化服务供给中，将农民对公共文化产品的需求偏好、需求表达、服务满意度评价、农民民主参与供给决策过程等，作为制度运行的核心内容，并结合公共文化服务资源供给能力，确定在具体时间、具体地点供给相应类型与规模水平的公共文化产品。

相对而言，农民群体主体意识较薄弱、文化素养偏低、参与活动意识不强，根深蒂固的传统观念思想导致需求无法被有效地表达。根据需求导向原则，首先需要贯通农民需求表达渠道，要让农民对公共文化服务的需求有处可诉，完善需求诉说平台；其次，分析农民对公共文化服务的需求，掌握农民的基本要求；最后，以农民需求为导向，实现供给匹配需求。此外，由于农村本身的地域分布特殊、农村居民群体收入水平和文化层次有别，必须尊重不同地域、不同可支配收入水平农村居民的差异性，将不同地区农村特征纳入考虑范围，将满足不同地域、不同农民群体的公共文化需求作为根本目标。有效的供给必然要充分考虑农民的需求，相反，没有考虑农民需求的供给，自然是低效甚至无效的。

二、兼顾效率与公平原则

经济发展过程，始终离不开效率与公平的思辨。基本公共文化服务的公共品属性决定了政府需要参与供给，供给过程中涉及效率与公平的权衡。纯公共品由政府供给，政府代表民众利益，决策更注重公平；纯私人物品由市场提供，市场主体目标是追求自身效益最大化，只提供有经济利益的产品，拒绝提供经济利益较少或者几乎不存在经济利益的产品，更加注重效率的实现，公平性有待改善。

现实中，公共文化服务更多具有混合物品的属性，体现出一定排他性，对于低收入人群而言，受自身经济能力限制无法付费或付费较少，则会影响文化需求的满足和文化权益的实现，这样提供的公共文化产品没有保证公平性。因此，农村基本公共文化服务供给秉持兼顾效率与公平原则，需要依据不同的供给内容、供给结构、供给地域等，选择最合适的供给主体，充分发挥各个供给主体的优势。对于一些公益性不强的经营性公共文化设施建设，由市场主体供给，政府需要严格监管收费项目的收费标准，在保证企业供给可持续性的情况下，尽量维护公众的最大利益；而对于公益性较强的非经营性公共文化服务，大部分只能交给社会组织运营和管理，可以通过“PPP模式”进行供给。最终，建立一个满足农民需求、各个供给主体协调配合的多元供给系统。

三、适应经济发展阶段原则

各个国家各个地区在经济发展的不同阶段，会在国情域情、社会发展等方面呈现各个阶段的规律性。各国各地区应依据各阶段的国情域情规律性、差异性，实施符合自然规律和经济社会发展规律的战略举措。

从空间地域来看，我国东、中、西部三大地区，在经济发展水平与社会发展状况方面存在巨大差别，东部经济发展最优，资源配置效率最高，不管是在公共文化服务供给的数目还是质量上都最好，整体供给水平占优；反观中西部地区，地理位置的劣势导致经济发展相对落后，资源配置失衡，公共文化服务供给的数量不足、质量也堪忧，整体的供给水平处于一个较低水准。

从城乡关系来看，由于长期城乡二元体制机制制约，农村与城市的资源配置差异显著，不同地区的农村之间、农村内部不同群体之间的经济发展水平也不相同。政府应采取能够协调配置资源的政策手段，弥补资源匮乏地区农村公共文化服务供给的不平衡问题。因此，创新农村基本公共文化服务供给机制必须因地制宜，遵循经济发展阶段性规律特征，综合考虑不同区域农村经济发展水平、农村居民需求偏好和当地政府财政状况，开拓出真正适应当地发展规律的农村基本公共文化服务供给机制。

四、基本公共服务均等化原则

推进基本公共服务均等化，对于促进社会公平正义、增强全体人民在改革发展中的获得感、实现中华民族的伟大复兴，具有十分重要的意义。长期以来，城市的基本公共服务供给水平远高于农村地区，经济发达地区农村的基本公共服务供给水平相应地高于经济欠发达地区的供给水平。在城乡融合视阈下，我国提倡构建城乡一体化体系，积极探索公共服务供给机制创新，满足农村居民对公共服务的差异性要求，加大公共资源向农村倾斜力度，先提高农村基本公共服务的供给水平，再逐步统筹，最后实现城乡基本公共服务均等化的目标。

关于基本公共文化服务的均等化发展，应与经济发展一样，具有阶段性特征，需要在不同阶段体现不同的重点和目标。基本公共文化服务均等化的初始阶段目标为，完成区域均等化，缩小区域内和区域间基本公共文化服务的差距；中级阶段目标为，完成城乡公共服务均等化，缩小各区域内城镇乡村之间的基本公共文化服务水平的差距；终极阶段目标为，实现全部公共文化服务均等化，包括所有阶段目标，区域之间、城乡之间、居民之间的差距都缩小，实现全民均等化。

五、各级政府权责匹配原则

根据各级政府权责匹配原则，应当科学界定、合理划分不同层级政府的财权、事权与支出责任。基层政府担负着农村基本公共文化服务供给的重要职责，但是层层上移的财权与层层下沉的事权完全不匹配，对于供给农村基本公共文化服务存在财政压力。因此，只有保证基层政府的足够财力，使各级政府的财力能与事权和支出责任相匹配，才能进行有效供给。

根据《国务院办公厅关于进一步推进省以下财政体制改革工作的指导意见》(国办发〔2022〕20号)，合理划分省区市以下各级政府的财权、财力，理顺省区市以下政府间财政关系，建立健全权责配置更合理、收入划分更规范、基层保障更有力的省区市以下财政体制。中央政府负责划分基本公共文化服务范围、规定服务标准、实施财政转移支付以及公共服务战略，省级政府根据中央政府下达指令，制定省区市及省区市以下各级政府具体的服务计划。

合理安排县域村级文化建设的权利责任边界，在政府的公共事务管理中加入文化建设的内容，实行专员管理、分工负责的文化服务建设部署，避免省、市级政府向县、乡级政府进行事权的转移，破解基层政府“上面千条线，下面一根针”的难题。为了保证农村资金的充分供给，中央和省级政府要加大对基层政府的财政转移支付力度，保证基层政府的财权与公共文化服务供给事权相匹配，完善转移支付制度，提高转移支付的公平性，构建转移支付体系。对于专项转移支付项目，清除不必要的项目，聚集更多的资源给基本公共文化服务项目。

第二节　城乡融合视域下农村基本公共文化服务供给机制优化总体框架

基于以上基本原则，我国农村基本公共文化服务供给机制的优化，应以满足农民需求为出发点，创新农村基本公共文化服务观念，从而搭建供给机制优化的总体框架（见图7-1）。

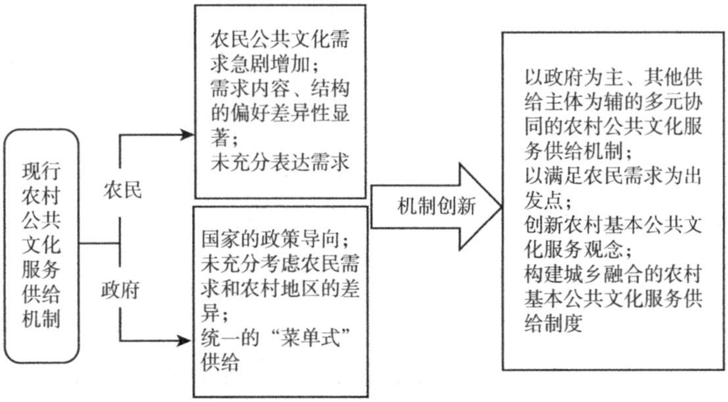

图7-1　农村基本公共文化服务供给机制创新总体框架

一、充分了解农村居民多元化需求

根据凯恩斯供求管理理论，满足人们多元需求的供给是优质的供给。广大群众需求具有多样性，不同经济发展水平地区的农民需求具有较显著的差异性，因此，在实施供给计划之前，有必要充分了解农村居民的复杂化、差异化的需求。如果政府制定统一的“菜单式”供应项目，按照统一标准供应公共文化产品和服务，就忽视了各地区农民的实际公共文化需求，也忽视了公共文化投入的可持续性。

政府部门供给决策，需要建立在农民充分表达自身需求的基础上。政府部门要鼓励、引导农民诉说自身需求，贯通需求表达渠道，把需求偏好及时有效地传递给决策部门，各地方政府应根据本地的经济发展状况、农民需求内容、农民需求偏好，分类分量提供公共文化服务，满足农村居民基本生活需求和更高层次的文化需求，完善财政补贴制度，履行供应公共文化服务的主体职责。

二、树立农村基本公共文化服务新观念

树立农村基本公共文化服务新观念，是优化农村基本公共文化服务供给机制的前提条件。政府作为供给主体，其服务观念的创新，保证了供给机制创新得以开展，其思想、行为会对农村基本公共文化服务的数量和质量有直接影响。

第一，用现代公共服务理念规范政府行为。政府的重要职责就是为全体公众提供所需的公共产品和服务，各级政府不应该一味追求“政治锦标赛”的胜利。从农村公共文化服务供给角度看，政府应该站在农民的角度，树立“以民为本”的公共文化服务理念，以满足农民的公共文化需求为服务方向，提供农村居民最需要、最喜爱、最实惠的公共产品。

第二，创新农村基本公共文化服务供给体系。供给体系包括生产方式、供给手段等方面，创新供给体系意味着创新生产模式、组织建设、社区服务等，这些可以为农村地区发展奠定基础，进而找到最适合当地

农村居民的公共文化服务供给体系。

第三，构建基本公共文化服务多元主体共同供给机制。农村基本公共文化服务供给以政府为主体，市场和第三方机构较少参与供给。农村基本公共文化服务所具有的公共品属性，决定着政府必然成为供给主体，并通过出台政策界定权责范围，这种供给模式保障了农村基本公共文化服务的供给，但也在一定程度上限制了市场、第三部门等供给主体的自由参与。

在多元主体供给基本公共文化服务模式发展的初级阶段，政府可以适度加大购买基本公共文化服务的力度，给予具备公共文化服务建设能力的私营企业、社会组织和农民个人参与的权力空间，充分利用政府与社会力量合作的优势，稳定多元主体联合的供给机制。通过营造良好的宏观环境，降低公共文化服务供给项目的准入标准，积极沟通交流保证及时解决矛盾冲突，保障市场、第三部门作为供给方的健康迅速发展。

在市场培育方面，完善市场竞争机制，充分发挥市场在配置文化资源中的决定性作用，大力孵化文化市场和文化产业，扶持文化团体和文化组织的发展，提高市场主体的供给绩效。在社会组织等第三部门培育方面，政府有必要建立政策倾斜和资金补偿机制，壮大社会组织的自身发展规模。充分利用第三部门公益性的优势，鼓励其创建公共文化服务公益性资金，并引导社会公益性资金投向具有发展潜力的农村地区。参照供给侧结构性改革的思路，基层政府可以适度转移部分供给职责给有能力、有责任的社会力量，让其与政府在竞争中相互成长。

三、建立城乡融合的农村基本公共文化服务供给制度

从新中国成立到改革开放之前我国的发展策略是“重工轻农、城市优先发展”，让工业带动农业发展、城市经济引领全国经济发展，由此形成了影响至今的城乡二元经济社会体制。历时多年的经济社会迅猛发展，使我国综合实力有了大幅度提升，“三农”问题成为国家治理与国家发展的重中之重，城乡关系发展经历了“城乡统筹发展”“城乡一体化发展”的演变，伴随着中国特色社会主义进入新时代，城乡关系发展

战略是实现城乡融合。

在促进乡村振兴、实现城乡融合进程中，农村基本公共文化服务供给制度应依据地区经济发展水平、居民需求偏好和当地政府财政状况，分步骤、分阶段地进行创新。首先，创建城乡公共资源平台，改进过去城乡二元的公共资源分配制度，让公共资源在城乡间自由流动配置，达到一体化程度。农村公共事业建设纳入城市发展规划，农村基础设施建设标准参照城市，农村基本公共文化服务由市级财政统筹规划。其次，进一步完善省级以下财政体制改革。依据《国务院办公厅关于进一步推进省以下财政体制改革工作的指导意见》（国办发〔2022〕20号），推行并扩大省直管县改革，给予县级政府充足的财政自我保障能力，扩大县以下政府的收入来源。最后，为了保障基层政府的财政资金充裕，可以加大对“三农”的投入，依照《中华人民共和国农业法》，保证国家财政对于农业总投入的增长幅度，高于财政经常性收入的增长幅度；可以加大财政转移支付力度，尤其是对中西部农村地区，以促进基本公共文化服务城乡均等化的实现。

—第　三　节—
城乡融合视域下的农村基本公共文化服务供给机制优化路径

优化农村基本公共文化服务供给机制是项艰巨的任务，在遵循优化原则、建立基本的优化框架的基础上，还需要明确供给机制的优化路径。其中，国家需要优化供给政策与制度，营造适宜的农村基本公共文化服务供给环境，提高供给效率。农村基本公共文化服务供给机制涵盖了多个供给组成部分，包括供给主体、供给方式、供给运行机制、供给运行模式，并且各个组成部分的选择方式也具有多样性，最终组合形成了不同方式的农村基本公共文化服务供给机制。优化农村基本公共文化服务供给机制，需要从上述四大组成部分各个攻破，有效的农村基本公共文化服务供给机制将促进农村基本公共文化服务供给效率提升、促进基本公共文化服务的城乡均等化。图7–2显示的是农村基本公共文化服务供给机制优化结构。

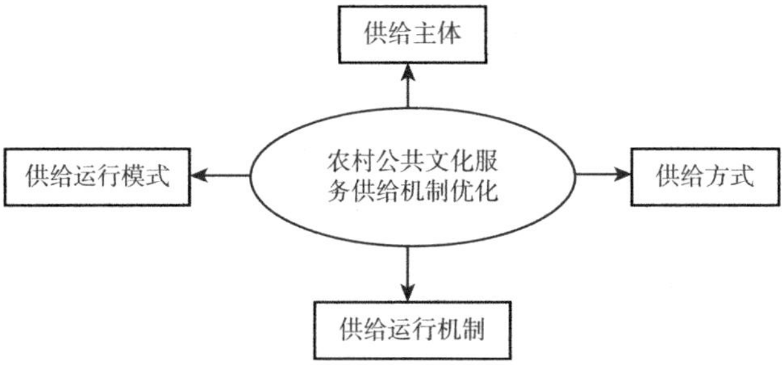

图7–2　我国农村基本公共文化服务供给机制优化结构

一、农村基本公共文化服务供给主体优化路径

政府作为经济社会管理者，对于包括公共文化服务在内的公共服务供给，具有不可推卸的责任。本着对效率的追求，再兼顾效率与公平原则，供给主体经历着从单一主体到多元主体的演变，更大程度地满足了我国农村地区基本公共文化服务需求（见图7–3）。其中，政府更注重公平，市场更注重效率，第三部门在注重效率的基础上比市场侧重公平，公民个人能够完整地诉说自身需求。从演变轨迹来看，政府作为单一供给主体，大包大揽基本公共文化服务，但伴随经济社会的发展，政府难以有效满足公众的公共文化需求，市场和第三方参与基本公共文化服务供给。伴随着社会民主文明程度的提高，全体公众的维权意识在增强，全体公众对于公共文化建设的主动参与性在提高，这些为维护公众自身文化权益、提高公共文化服务供给效率做出努力与贡献。但无论是政府供给还是市场供给，都会存在“供给失灵”，第三方机构供给虽然形式较新颖，但也会出现萨拉蒙所称的“志愿失灵”现象[①]，即志愿服

① 耿长娟. 萨拉蒙对非营利组织理论的新发展及其启示［J］. 江南大学学报（人文社会科学版），2014（04）.

务资金不足、人力资源不足、运作不规范等。要从根本上解决“政府失灵”“市场失灵”和“志愿失灵”，让多个组织机构能够发挥各自长处，有赖于形成多元主体合作供给的协同模式。

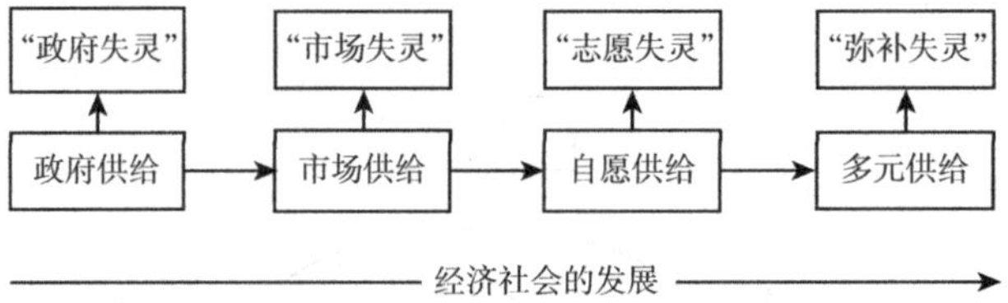

图7–3　农村基本公共文化服务供给主体模式的演变

（一）建立多元供给合作网络

为解决当前农村基本公共文化服务供给效率较低、供需不匹配等问题，必要手段之一就是搭建符合我国国情、多元主体协同合作的供给合作网络。根据网络治理理论（彭正银，2002）[①]，网络作为一个重要的多组织治理形式，具有的优势是多方面的。在基本公共文化服务供给方面的应用，体现为可以调解政府、市场以及第三部门之间的关系；更加合理、高效配置基本公共文化服务资源；赋予不同供给主体更强的竞争性；供应更优质的基本公共文化服务。以网络治理理论为基础，农村基本公共文化服务供给主体合作网络应运而生，在保证政府主导地位不变的前提下，激励其他主体积极参与，最终形成涵盖参与机制、支撑机制、利益整合机制、合作机制、约束保障机制等多种运行机制在内的网络管理机制。构建这样的多元主体协同合作供给网络，有利于政府在复杂多变的宏观环境下充分发挥供给优势，改善农村基本公共文化服务的供给现状，满足农村居民的公共文化诉求，促进城乡间区域间基本公共文化服务供给的公平与公正，增进农民乃至整个社会的福祉，构建和谐文明社会。具体的农村基本公共文化服务供给主体合作网络模型如图7–4所示。

① 彭正银. 网络治理理论探析［J］. 中国软科学，2002（03）：51–55.

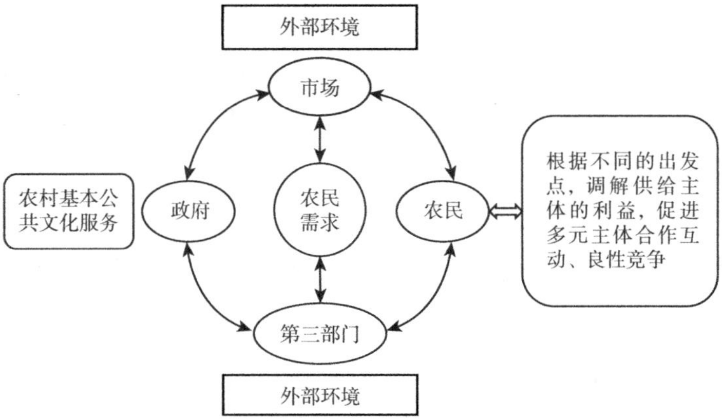

图7–4　农村基本公共文化服务供给主体合作网络

图7–4较为直观地显示了农村基本公共文化服务供给面临的外部环境、合作网络的管理机制以及供给主体之间的多元互动合作流程。首先，最外层是农村基本公共文化服务供给面临的外部环境，其中包括国家公共文化相关政策、经济政治社会发展状况、政府财政状况、农村经济发展水平、农村居民的公共文化需求偏好等，对这些客观因素进行分析，实现对供给主体发展水平、农民复杂需求的清晰认识，方便进一步实施供给措施，保障多元供给合作网络的运行流畅。其次，内层呈现的是供给主体合作网络，在网络节点上的是政府、市场、第三部门、农民。其中，政府仍居于农村基本公共文化服务供给的主导位置，但是不同层级的政府间、政府与市场、政府与农民、政府与第三部门之间，实现了合作互动、良性竞争。最后，多元主体的分工与合作，有赖于多个网络运行机制的连接，网络管理机制可以根据各供给主体不同的出发点和利益导向进行调解，促进供给主体之间的分工合作甚至必要的竞争。随着多元主体协同合作的推进，深化阶段的协同共治主要通过推动社会化发展与激发群众自主参与，从而实现有机互动。

（二）运行多元供给合作网络

农村基本公共文化服务多元合作供给网络的有序运行，发挥多元供给主体联动协同效应，有赖于参与机制、支撑机制、利益整合机制和约束保障机制的良性运转与协同配合，进而可以有效调节网络节点上的供给主体之间的矛盾冲突，促进政府、市场、第三部门等多元供给主体的良性互动，实现多元主体相互交流学习、协同供给公共文化服务、共同承担风险的有效合作。

伴随着供给目标的多样化、需求的复杂化，只凭借政府力量去提供公共文化服务是不现实的，政府需要鼓励非政府组织和个人积极参与供给。参与机制要求在保证政府主导地位的前提下，根据不同的供给目标，对多元主体进行选择搭配，实现供给主体最优化选择，其中，政府优势在于资源和财政权力，因此，有义务提供资金与政策支持被参与机制选中的其他供给主体；享受政府优惠的供给主体，有义务将政府较难接收或接收不及时的重要需求信息，反馈给政府，与政府共享重要的信息资源库，形成多元主体间的支撑机制，这也是多元主体合作网络运行的根本机制。

供给主体由单一向多元转变过程中，各主体之间不可避免地会发生利益摩擦，因而需要建立供给主体的利益诉求表达渠道，在多元主体之间进行最优的利益分配，充分整合各供给主体的利益需求。通过利益整合机制，实现各主体共同利益最大化。此外，保障各供给主体利益实现的同时，要遏制投机行为，促进公平公正，有必要建立约束保障机制。通过约束保障机制的建立，助力各供给主体分析问题与解决问题，以激励、监督、评估各供给主体行为，保障合作供给网络的流畅性。

（三）创新农村基本公共文化服务合作模式

多元供给主体协同配合，能够拓宽资金来源，缓解政府财政压力，及时有效地满足农民多种多样的需求。同时，通过政府与其他供给主体的合作，可打破政府垄断供给时期的竞争缺乏局面，增加政府的供给动力，进而优化农村基本公共文化服务资源配置。既有竞争又有合作的多主体供给，可以提高农村基本公共文化服务的供给效率。但是，多元主体的合作具有复杂性和变化性，政府必须转变职能，适当地简政放权，坚持在社会公共事务管理中的主导地位，带领其他供给主体在合作网络中的运行，达成每一个特定的供给目标。

1.政府职能的转变。

首先，政府部门的思想观念要与时俱进，引导鼓励多元主体参与农村基本公共文化服务供给的主动性，保证外部宏观环境的良好，为公共文化产品的供给提供可行性。其次，进入新时代，农村基本公共文化服务的供给，有别于传统的农村基本公共文化服务供给，不只是政府才能供给，而是要结合众多因素，挑选出符合制度框架、能够创造最大效益的市场和第三部门等供给主体。一方面，政府出台相关政策，以此维护非政府组织等供给主体的合法性和可操作性，用法律法规为合作供给等活动的展开保驾护航；另一方面，非政府组织由于自身经济能力有限，需要来自政府的资金扶持与激励，但多元主体的参与会从整体上减少政府财政压力。当然，非政府组织肯定会追求自身利益最大化，通过融资和政府补助提供公共文化服务时，不可避免地会出现侵害公共利益的行为，因此，政府需要对非政府组织行为进行规范与约束，加强相应的监督管理。最后，政府的主导地位意味着政府要承担多元合作网络的建立、运行和维护的监管职能，也要统筹配置公共文化资源，实现农村基本公共文化服务多元供给的最大效益。

2.鼓励非政府部门的发展。

政府应通过激励政策等的实施，吸引市场主体和社会组织参与供给，及时协调新加入的多元供给主体，根据各自特点调动供给的积极性与合作的协同性。首先，对于非政府组织供给的公共文化服务，要严格规定各主体的产权，保护各主体的基本权益。要让市场、第三部门和个人拥有自身供给服务的部分产权，在不侵害公共利益的前提下获取自身利益，促进供给行为的可持续性。其次，对于非政府组织的经营收益，可以给予税收减免等优惠政策。因为，政府以外的非公益组织都有一定的逐利性，只有保护了它们的经营收益，才可以调动它们供给农村基本公共文化服务的主动性，更好地服务农村居民。最后，发挥农村居民委员会的作用，农村居民委员会作为改革开放前就是满足农民公共文化需求的重要组织，具有显著的信息优势地位，应该赋予其一定的自治权利，在农村地区进行自我管理、自我教育、自我服务。

3.整合协调各供给主体利益。

合作网络框架的建立、管理机制的运行，可以充分发挥各个主体的优势；利益调节机制的运行，可以为非政府组织带来较可观的收益，保障供给主体合作的长期性和有效性。根据不同公共文化服务项目的属性与供给目标，政府选择相应适合的供给主体，对于农村准公共文化产品，更多地交给市场供给，可由政府和居民个人按照一定比例分担来筹集收取费用；完全没有获利空间的农村公益性公共文化服务，可以更多地交给第三部门供给，政府承担辅助供给的责任。对于被赋予权益后的非政府组织，可能会产生的“寻租”腐败等逐利行为，需要政府预防治理，明确划分市场和第三部门的权益与责任，平衡各供给主体间的权利和利益关系。

从合作关系来看，各供给主体是在政府部门领导下，进行信息资源共享，实现农村基本公共文化服务供给中的角色定位和职责分工。政府对于不同的供给合作对象，分别采取措施。对于市场供给主体，政府采用法律法规政策监管市场主体行为，维护公共利益不受损害；对于社会供给主体，政府给予适当的财政补助、减免少量的税务负担等；市场主体与社会主体之间，可以相互学习借鉴先进技术，扩大融资渠道，筹集更多的供给资金。总的来看，非政府组织只要遵从政府政策规定，不触碰公共利益红线，就可以实现与政府的合作，形成集体行动，进而达到多主体合作供给模式的效益最大化。

4.多主体合作模式创新优化。

如前所述，我国农村基本公共文化服务供给主体的优化目标是：构建政府、市场、第三部门和农民多元主体供给模式，而多元主体要实现整合资源、互动合作、良性竞争，应该构建合理高效的合作模式（见图7–5）。具体合作流程分析如下：农民需求决定供给，农民通过表达自身的文化需求，各供给主体依靠合作网络的运行机制，为农民供应多种类丰富的公共文化产品。其中，政府是农村基本公共文化服务供给的主导，通过市场竞争机制，选择最具有竞争优势的市场供给主体；通过社会参与机制，选择社会参与供给主体。在选择出适合的供给主体后，政府应该出台相关政策，引导市场和社会组织的行为、激励非政府组织的供给参与性，同时加强政府监管。作为主导者的政府，目标在于充分发挥非政府组织的优势，用多元主体供应，去解决政府供给无效、供给过剩与供给不足的问题。在多元主体合作网络中，坚持政府主导公共文化服务供给、非政府组织参与决策供给，政府提供财政经费、科学技术手段并出台相关政策，非政府组织提供自身专业能力与知识，政府与非政府组织共同行使公共权力，合理配置共同资源，优势互补，风险共担，满足复杂多样的农民需求，同时实现公共利益最大化。

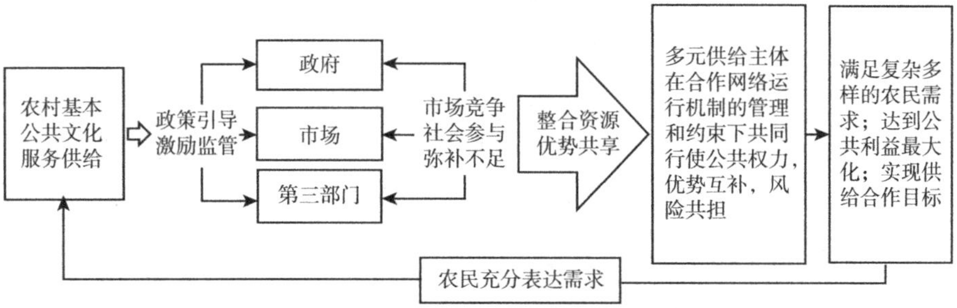

图7-5　农村基本公共文化服务供给主体合作模式

二、农村基本公共文化服务供给方式优化路径

农村基本公共文化服务的供给方式有政府供给、市场供给、志愿供给、混合供给四种，每一大类供给方式又可以划分为详细的、不同的供给形式。

（一）影响供给方式选择的因素

1.供给主体职能的差异。

作为供给主导者的政府部门，最大优势在于政治上的绝对领导权，大规模的农村纯公共文化服务，只能由政府提供，市场供给主体实力不足以提供，志愿供给可以提供但难以维持长期性和稳定性；与此同时，政府部门供给的最大缺陷在于效率不高，因为缺少竞争和利益追求，市场供给主体虽效率较高但是拒绝提供利益较低甚至为零的公益性文化服务。政府、市场、社会组织等第三部门乃至农民参与的多元主体合作供给，将有助于供给效率的提高，在各自的职能范围内，能够提供高质高效的农村基本公共文化服务。

2.农村地区的差异。

农村经济社会发展水平影响着农民的需求结构，受教育程度影响着农民公共文化偏好。按照地理位置划分，东部地区经济发展水平最高，西部地区经济社会发展水平最低，东中西部地区的农村也相应呈现出经济发展的差距，进而不同地区的农村居民对于公共文化服务的需求内容不尽然相同。高经济发展水平的农村地区，对于发展型、享受型的高层次的公共文化服务需求更大；低经济发展水平的农村地区，对于生存型、必备型的低层次的公共文化服务需求更大；中等经济发展水平的农村地区的公共文化服务需求介于两者之间，既需要生存型也需要发展型公共文化服务。农村基本公共文化服务供给方式的选择，要将地区的巨大差异考虑在内，选择恰当的供给方式。

3.多元供给主体的差异。

经济发展差距影响着供给主体的发展，制约着供给主体能力的提升，从而带来巨大的供给效率差异。经济社会发达的东部地区，市场发育比较健全，市场和社会组织发展空间较大；而经济社会相对落后的中西部地区，市场力量不足，缺乏发展壮大的空间。因此，中西部地区主要由政府出资兴建大型公共文化设施，相应政府部门负担远远大于东部地区，同时中西部农村地区的需求广而杂，多元主体的供给方式需要谨慎选择。

（二）农村基本公共文化服务供给方式选择的技术路径

农村基本公共文化服务的供给方式具有多样性，要根据实际的供给目标选择最适宜的供给方式。伴随着经济发展和居民收入水平的提高，农村基本公共文化服务的政府供给占比呈现非平稳且下降的趋势，非政府部门供给占农村基本公共文化服务供给的比重呈现非平稳且上升的趋势。其原因可能是，随着物质水平的提高，基本公共文化需求得到了满足，人们进而追求更多发展型的农村基本公共文化服务，公共文化服务的个性化定制化属性提高，公共性持续地下降，导致新型公共文化服务的公共性没有传统公共文化服务高，相应公共文化服务的供给在非政府部门效率会更高，非政府部门的供给比重呈现非平稳且上升的趋势，成为政府供给的重要补充。

农村基本公共文化服务供给方式的选择还需要考虑农村地区差异、多元供给主体差异、农村基本公共文化服务性质和类型的动态演化等因素，即便是同种类型的基本公共文化服务，由于农村地区差异、供给主体差异等因素影响，不同供给方式下的供给效率存在差别。因此，有必要综合考虑各个因素可能对供给方式的影响程度，分析各个供给主体的优劣性，遵循农村基本公共文化服务性质与服务类型的变化规律，实现最优化供给方式选择，如图7–6所示。

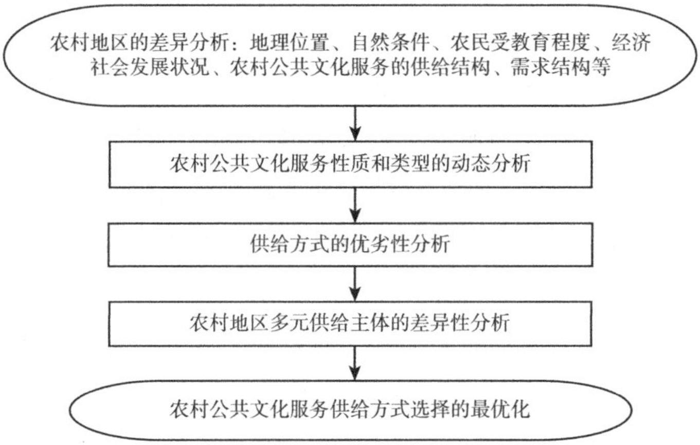

图7–6　农村基本公共文化服务供给方式选择的技术路径

三、农村基本公共文化服务供给运行机制优化路径

（一）多元供给运行的内部机制

农村基本公共文化服务供给的运行机制，除了如前所述的需求表达机制、供给决策机制、供给主体的选择机制、供给激励机制、利益整合

机制，还包括融资机制、成本分摊机制、配套保障机制、监督管理机制等。在多元供给主体的合作网络中，合作网络的顺利运行依赖每个主体间的协调配合，保障各个机制的顺畅运行。为满足农民公共文化需求，合理配置资源，调动合作网络中各个供给主体的积极性，有必要优化多元主体合作的运行机制，实现多元主体友好互动合作。

借助需求表达机制、偏好传递机制等收集具体的、多元的农民公共文化服务需求信息并向上传递，此后，通过需求识别机制、需求分析机制，对农民多样化的公共文化服务需求类目进行识别、分析和反馈，便于供给主体及时有效掌握需求信息，政府据此出台相关政策。决策部门在掌握政策效果反馈的情况下，利用供给主体选择机制、融资机制等对农民需求信息进行剖析，采取行之有效的供给策略，代表性策略包括：结合供给主体优劣性与农民文化需求内容，选择最适宜的供给主体；对农村地区文化需求种类进行排序，然后按顺序供给等。此外，农民是需求表达的主体，应该建立健全农民参与供给决策机制。

供给激励机制有助于调动各类非政府部门作为供给主体的参与性和积极性，有助于增加多元主体之间合作的动力，切实保障这些非政府部门的自身利益，为更好地服务公众做准备。基于财政的重大压力和非政府部门力量的弱小等现实情况，建立融资机制刻不容缓，该农村基本公共文化服务供给的融资体制，以为公共利益服务为目标导向，同时兼具可动态调整、多元主体共同参与等特征。

最后，各地区农村公共文化服务供给要得到有效保障，需要建立供给的监管机制以及配套的保障机制。农村基本公共文化服务的供给监管机制具体包括：供给资金的使用与管理机制、规范的公共事业听证制度、对农村基本公共文化服务使用的监督和检查、对公共文化服务从业人员的监督与约束、政府对非政府部门等供给主体的监管制度、公务人员决策失误的行政问责制度等。配套保障机制包括：城乡二元户籍制度的改革、农村可持续发展机制的建立、农村土地产权和土地流转制度的规范等。农村基本公共文化服务供给的监管机制与配套保障机制的全力配合，是保障其差异化供给顺利进行的必要条件，不仅能够监督管理各个运行机制的实施状况，减少“寻租”等投机行为的发生，还能及时查漏补缺，为农村基本公共文化服务合作运行机制兜底，维护多元主体的平等合作关系。

（二）改进农村基本公共文化服务运行机制

多元主体合作供给农村基本公共文化服务机制的顺畅运行，离不开每个运行机制的相互配合，建议分别对需求表达机制、供给决策机制、融资筹资机制与约束激励机制进行优化。

1. 完善需求表达机制。

首先，增强农民自身公共文化需求的表达意愿和表达能力。着力提高农村居民的受教育水平，国家应该加大对义务教育、中等教育、职业教育和高等教育的投入力度，从根本上改变农民不愿表达公共文化需求的意愿，并显著提高农民群体的表达能力。其次，健全农民需求诉说渠道。农民的需求表达意愿和表达能力得到提高后，需要通过平台，能够将最直接、最迫切的公共文化需求表达出来。其具体措施包括：通过召开座谈会或者信访，政府公共服务部门直接对接农民代表；通过重新建立村民自治制度，充分发挥农村村民委员会的优势。最后，建立健全保护农民利益的法律法规。通过立法形式，以法律法规保护农民的基本文化权利，对于贫困落后地区农民给予适当的法律援助。定期对农民开展法治宣传教育，提高农民运用法律维权的意识与能力。

2. 丰富供给决策机制。

首先，在完善需求表达机制的基础上，政府收到农民表达的公共文化需求，然后利用需求识别机制去精准辨别农民所需的公共文化服务类别和数量等偏好，及时将相关需求信息传递给公共决策部门。其次，建立政府和农民共同参与的供给决策机制，采取自上而下与自下而上相结合的上下统筹协调的供给决策方式。政府主导并统筹农村基本公共文化服务的供给，而农民代表也应该参与公共文化服务供给决策中来，有效显示农民群众的真实需求，方便政府做出更好的供给决策。其中，应该强化农民的权益维护意识，鼓励、引导农民参与供给决策。最后，根据农村基本公共文化服务的不同性质，对应适宜的供给决策方式。农村纯公共文化服务的公共品属性较强，具有完全的公共品“双非”特性，直接决定其只能由政府出资供给，且供给决策以自上而下方式为主。农村准公共文化服务的公共品属性弱化，供给决策可以灵活选取自上而下或自下而上方式，如果农村准公共文化服务的外部性较强，政府履行主要供给职责的同时，还要鼓励非政府部门参与，共同进行供给决策，但还是以自上而下为主；如果农村准公共文化服务的外部性较弱，政府可以放手交给市场和第三部门供给，给予政策补贴和税收优惠等，采取自下而上为主的决策供给方式。

3.完备融资筹资机制。

农村基本公共文化服务具有强烈的公共品属性，政府财政支持仍是供给的主要来源，也体现出完善公共财政体制的必要性。必须加大财政在“三农”方面的投入力度，充分重视文化事业费投入的增长，不断增加政府投入规模，建设农村公共文化服务来源资金的预算体系，保障农村公共文化服务资金投入规模与预期稳定性。改善公共服务资金的结构，盘活社会存量资本，提高资金的投入产出比。在公共文化设施建设、公共文化活动开展和公共文化数字化建设方面增加资金支出比重，减少公共文化事务上的资金支出比重。严格审查农村基本公共文化服务资金使用，定期评估资金投入绩效，从内部和外部展开综合测评，由政府、社会组织、中介机构、评审专家和人民群众等组成评审小组，对农村基本公共文化服务资金使用绩效进行考核、监督和评估。各地根据实际经验，制定符合当地农村特色的绩效考评机制。

首先，坚持国家筹集资金的领导地位，财政资金仍然是农村大型纯公共文化产品供给的主要来源。财政资金可以发挥“四两拨千斤”作用，通过率先投资，在农村基本公共文化服务方面设立政策性专项资金等，给市场和第三部门作出示范，以少量财政资本撬动社会资本，吸引大量社会资金的支持。政府也可以对投融资方式进行创新，积极尝试建立多渠道的融资平台，如向非政府组织进行募捐，发行信用度高、成本低的融资债券。其次，拓宽市场的筹资途径。市场作为财政筹资渠道的重要补充，相对政府筹资更具有竞争性，建议通过民间投资、外商投资、债券融资等途径，尽可能地利用社会资源。最后，拓宽第三方组织的筹资途径。第三方组织供给可以补充政府供给不足，也比市场供给更符合大众需求，但第三方组织筹资既没有政府筹资的稳定，也没有市场筹资的效率。建议通过社会募捐等形式为第三方组织进行融资，帮助第三方组织摆脱资金短缺带来的供给约束。

4. 完善激励约束机制。

激励约束机制，通过激励、监管和评估农村基本公共文化服务的供给主体，实现维持和保障农村基本公共文化服务供给的可持续目标。首先，颁布有关农村公共文化的法律法规政策、绩效评估标准，对多元供给主体的行为多加规范和约束，保护农民的权益不被侵犯。其次，改革政府绩效考核方式，增加以公共文化服务为主的考核评估指标及其比重，约束政府只为追求显性经济增长而忽视农民实际文化需求的行为。长期以来，政府绩效考核都是以GDP为核心，而以农村基本公共文化服务为典型的这类非经济性财政支出，投入产出比低、投资时间长，不利于现期GDP增长，考核制度带来政府重经济建设支出而轻公共服务支出。政府考核评估体系的改革，将有助于改善政府公共服务供给不足的问题。

5. 建立严格的监督管理机制。

完善严格的监管制度是对多元供给主体行为的制度约束，促使各主体行为规范化和标准化，有助于提高供给效率；完善的监管制度也可以充分发挥农民的民主权利和监管权利，包括农民在内的多元供给主体全过程参与资金使用监管，可以有效提高资金使用效率。

首先，加强政府的监管职责，通过必要的管理手段和专门的管理方式动态监督并管理市场、第三部门等多元化供给主体的行为，最终建立一个公平、公正、严格的现代公共文化服务监管体制。其次，加强过程管理，建立投入资金追踪制度、质量监督制度和法律责任追究机制等。投入资金追踪制度可以对资金使用的全过程进行追踪调查，农民可以全方位了解财政资金投入总量、投入使用方向、产出效益等，资金使用过程的透明化能够有效遏制违法行为的出现。质量监督机制，是为了有效监督政府与非政府部门作为多元供给主体的供给质量而制定的权力约束机制。供给主体之间可以相互监督，合理分配评估主体的权重。监督管理平台是公开透明的，政府和非政府都有权利进行监督；监督的方式也是多样化的，可以是传统的书信方式或者是现代的网站、电话留言方式，也可以采用定期召开村民座谈会方式，指派专员向农民宣讲公共文化服务资金的具体用途，将公共文化服务资金使用情况向农民公开。这些方式可以对供给全过程、全方位进行监督。法律责任追究机制，即通过法律明确各级政府在农村基本公共文化服务供给中的权利与义务，并对未履职的法律后果与法律责任进行明确规定。政府通过多平台、全过程的监督，加大供给绩效高的公共文化项目投入力度，减少对供给绩效低的公共文化项目投入，降低资金浪费的概率，提高公共文化服务的供给绩效。

四、农村基本公共文化服务供给运行模式优化

（一）供给运行模式的选择标准

合理选择农村基本公共文化服务供给模式，需要遵循经济社会发展阶段标准与均等化供给标准。经济社会发展水平代表了该地区政府的财政能力和非政府组织的发育程度，不同的经济社会发展水平意味着农村地区的公共文化服务需求数量和结构都不相同，因此，农村基本公共文化服务供给不能实行整齐划一的模式，而是要在清晰判断当地农村所处的经济社会发展阶段基础上，选择最恰当的供给模式。均等化标准意味着供给模式的选择要有助于促进不同地区之间、城镇与乡村之间、全体公众之间公共文化服务的均等化，实现人人共享社会发展成果。鉴于政府财政资金有限，独自承担公共文化服务供给会存在财力不足问题，而公共文化服务供给市场化是有效的解决途径，政府通过公共文化服务安排权的控制，引入市场主体参与供给。对于禁止市场进入的公共文化服务，由政府提供，防止因“范市场化”导致的公共文化服务不均等。政

府要力求公平地分配地方政府的转移支付资金，增加农村文化部门经费开支透明度，提高农村居民的知情权、参与权，促进财政转移支付的均等化。此外，均等化标准还意味着公共文化服务主管机关需要科学、民主地制定并实施公共文化服务政策。

（二）供给模式的选择模型

基于经济社会发展阶段和均等化供给标准，农村基本公共文化服务的统一式或菜单式供给，与农民需求不符。有效供给模式的选择需要一系列选择流程和实践标准进行判断（见图7–7）。首先，根据农村地区所处的地理位置、自然条件、社会发展水平以及所处的经济发展阶段等，划分农村地区区域类型，这是农村基本公共文化服务供给模式选择的基础。其次，分析农村居民的公共文化需求各项指标并追踪各需求指标的动态变化，各地农村对公共文化产品的需求种类、数量、结构、质量和迫切程度有着较大差异，需要根据农村公共文化需求的动态变化趋势及时调整和选择合适的供给模式。再次，分析各地区基层政府的财政能力、多元供给主体的发育情况等，判断各个农村地区供给主体的供给、集资等能力。最后，分析全国农村区域的市场化和社会化发展水平，这对经济社会发展水平不同的东、中、西部农村地区供给主体的合作有较大的影响。经济较为发达的东部地区，多元供给主体更偏好联合供给，形成一种友好合作的联合供给模式；经济发展相对弱势的中西部地区的

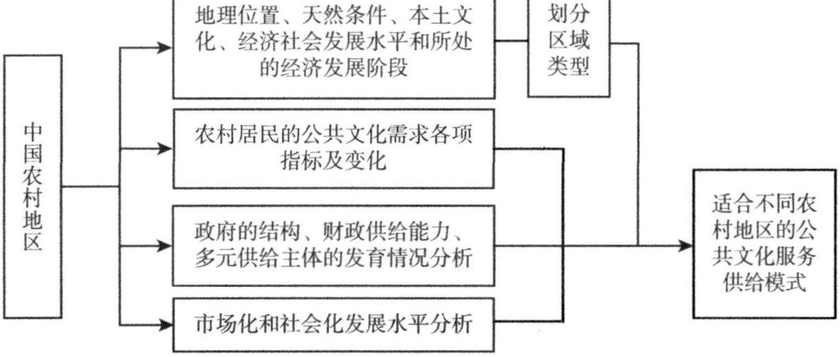

图7–7　农村基本公共文化服务供给模式的选择模型

供给模式可能较为单一，大多由政府出资或者资助其他供给主体。

概而言之，通过对农村基本公共文化服务的供给主体、供给方式、供给运行机制以及供给运行模式进行整体优化，以期建立一个与时俱进、适应经济发展、满足农民多样需求的农村基本公共文化服务供给机制。该供给机制将会推进城乡二元经济结构向城乡融合的转换，促进第一、第二产业协调共进，最终实现城乡融合。

附录

农村基本公共文化服务供需状况调查问卷

您好！为贯彻实施乡村文化振兴的战略部署，推进农村公共文化服务体系完善，加强农村基本公共文化服务的供给优化，不断满足农村居民的公共文化需求，我们研究团队特组织这次问卷调查。

本调查主要用于项目研究与学术交流，不具有评估评价属性。根据国家相关法律法规，本问卷无须署名，我们将严格保护您的个人信息，并为您保守秘密，不会给您带来任何后顾之忧，请如实填写为盼！衷心感谢您的大力支持与信任配合！

备注：本问卷中的公共文化产品或服务是指读书看报、收听广播、观看电视、观赏电影、送地方戏、图书报纸杂志、电影下乡、图书馆/博物馆/艺术馆/文化馆/文化站等公共文化设施免费开放、各类文体活动、文化技术培训等。

安徽财经大学课题组

2020年12月

居住地：(　　)省(　　)市(　　)县(　　)镇/乡(　　)行政村

一、个人基本情况（请在符合您情况的项目下划"√"）

1.您的性别：

□男　□ 女

2.您的职业：

□ 学生　□ 务农　□ 务工

□ 个体户或自由职业　□ 其他

3.您的年龄：

□ 20岁以下　□ 21~30岁　□ 31~40岁

□ 41~50岁　□ 51~60岁　□ 60岁以上

4.您的文化程度：

□ 小学以下　□ 小学　□ 初中

□ 高中（含中专）　□ 大专及以上

5.您家庭年人均纯收入：

□ 8000元以下　□ 8000~12000元　□ 12000~20000元

□ 20000~40000元　□ 40000元以上

6.您的政治面貌（单选）

□ 中共党员　□ 共青团员　□ 群众

□ 其他

二、农村公共文化需求情况（请在符合您情况的项目下划"√"）

7.您对农村公共文化的需求程度：

A.很强烈　B.比较强烈　C.一般

D.不太需要　E.完全不需求

8.你会参加乡镇（村里）组织的文化活动吗？

A.每次参加　B.多数时候参加　C.一般

D.偶尔会参加　E.从来不参加

9.您比较喜爱的文化娱乐活动是（可多选）：

A.看电视　B.听广播　C.读书看报

D.上网　　E.棋牌　　F.看电影健身

G.戏曲、歌舞等文艺演出　　H.去寺庙或者教堂

I.去老年活动室（茶馆）　　J.其他（如KTV等）

10.您认为目前自己的文化需求是否得到了满足：

A.很满足　　B.满足　　C.一般

D.不满足　　E.很不满足

11.您有向政府表达自己需求的意愿吗？

A.非常强烈　　B.比较强烈　　C.一般

D.不太愿意　　E.无所谓

12.当您有向政府表达自身需求的意愿时，表达需求的渠道是否畅通？

A.畅通　　B.比较畅通　　C.一般

D.不畅通　　E.不太清楚

三、农村公共文化供给内容（请在符合您情况的项目下划“√”）

13.您当地拥有的公共文化服务设施有（可多选）：

A.戏楼

B.农家书屋（含阅报室/阅报栏）

C.电影放映室/电影院

D.多功能活动室/棋牌室

E.篮球、乒乓球等体育设施

F.有线电视

G.有线广播

H.文化广场或文化演出

I.公共网吧

J.个体文化室（图书室、个体网吧等）

K.综合服务站（农资商品供应点和农技服务室）

L.其他等

14.您或您的家人平常利用最多的公共文化服务设施是？（可多选）

A.戏楼

B.农家书屋（含阅报室/阅报栏）

C.电影放映室/电影院

D.多功能活动室/棋牌室

E.篮球、乒乓球等体育设施

F.有线电视

G.有线广播

H.文化广场或文化演出

I.公共网吧

J.个体文化室（图书室、个体网吧等）

K.综合服务站（农资商品供应点和农技服务室）

L.其他等

15.最近一次，您村里举办的集体文化活动有哪些？（可多选）

A.放电影　B.篮球比赛等体育活动

C.传统节日活动（如舞狮子、灯会等）　D.科技推广

E.科普培训　F.演出地方戏

G.其他　H.以上都没有

16.您喜欢下列哪些类型的文化活动？（可多选）

A.文化娱乐类　B.法制教育类　C.科学普及类

D.文化补习类　E.其他

17.经常会有单位、企业、社会团体或个人为您组织农村公共文化服务的活动吗？

A.很经常　B.经常　C.一般

D.不经常　E.几乎没有

18.您参加的文化活动一般都是哪些单位组织的？（可多选）

A.乡镇政府免费提供　B.村委会　C.村民自发

D.企业（商业性质）　E.社会团体　F.其他

19.您最喜欢接受什么组织提供的农村公共文化服务？

A.乡镇政府免费提供　B.村委会　C.村民自发

D.企业（商业性质）　E.社会团体　F.其他

20. 如果有商业性演出，你会花钱去消费吗？

A. 很愿意　B. 比较愿意　C. 一般

D. 不太愿意　E. 不愿意

21. 您愿意做出的文化投入是（可多选）：

A. 看电视（购买数字电视频道）　B. 看电影

C. 购买体育器材　D. 购买报纸

E. 购买文艺书刊　F. 参加宗教活动

G. 上网　H. 其他

22. 您平均每月用于文化方面的开支（包括购买书报、看电影、上网、参加培训等支出项目）为：

A.100元以上　B.51~100元

C.10~50元　D. 不足10元

23. 您觉得很好地开展农村公共文化服务最需要的条件是：

A. 资金保障　B. 村民参与　C. 文化人才

D. 文化设施　E. 其他

24. 您参与村委会提供的农村公共文化服务考评活动的程度是：

A. 很高　B. 较高　C. 一般

D. 比较低　E. 很低

25. 您对加强农村公共文化建设有什么好的建议？（可多选）

A. 完善文化设施

B. 加强农村文化骨干培养

C. 经常组织开展文化下乡活动

D. 扶持村民自编自演具有乡土特色的文艺节目

E. 其他

四、农村公共文化服务供给满意度调查（请在符合您情况的项目下划“√”）

26. 您对乡镇综合文化站提供服务的满意度评价：

A. 很满意　B. 较满意　C. 一般

D.不太满意　　E.非常不满意

27.您对农村书屋提供服务的满意度评价：

A.很满意　　B.较满意　　C.一般

D.不太满意　　E.非常不满意

28.您对当地公共网吧提供服务的满意度评价：

A.很满意　　B.较满意　　C.一般

D.不太满意　　E.非常不满意

29.您对本村体育休闲设施的满意度评价：

A.很满意　　B.较满意　　C.一般

D.不太满意　　E.非常不满意

30.您对农村电影下乡放映工程的满意度评价：

A.很满意　　B.较满意　　C.一般

D.不太满意　　E.非常不满意

31.您对广播电视村村通工程的满意度评价：

A.很满意　　B.较满意　　C.一般

D.不太满意　　E.非常不满意

32.您对当地教育就业培训等公益性文化活动的满意度评价：

A.很满意　　B.较满意　　C.一般

D.不太满意　　E.非常不满意

33.您对当地节假日送戏下乡等公共文化活动的满意度评价：

A.很满意　　B.较满意　　C.一般

D.不太满意　　E.非常不满意

34.您对提供农村公共文化服务工作人员的满意度评价：

A.很满意　　B.较满意　　C.一般

D.不太满意　　E.非常不满意

35.针对基层政府提供的农村公共文化服务，您是否满意？

A.很满意　　B.较满意　　C.一般

D.不太满意　　E.非常不满意

参考文献

一、中文文献

[1][美]阿瑟·刘易斯.二元经济论[M].施炜等译，北京：北京经济学院出版社，1989.

[2][美]凯文·马尔卡希.公共文化、文化认同与文化政策——比较的视角[M].何道宽译，北京：商务印书馆，2017.

[3][美]西奥多·W.舒尔茨.改造传统农业[M].梁小民译，北京：商务印书馆，2010.

[4][日]岸根卓郎.迈向21世纪的国土规划：城乡融合系统设计[M].高文琛译，北京：科学出版社，1985.

[5][英]埃比尼泽·霍华德.明日的田园城市[M].金经元译，北京：商务印书馆，2017.

[6]曹爱军，杨平.公共文化理论与实践[M].北京：科学出版社，2011.

[7]岑乾明.马克思恩格斯的城乡观及其当代价值研究[M].北京：中国社会科学出版社，2013.

[8]陈波.我国农村公共文化体系的财政保障机制研究[M].北京：中国社会科学出版社，2014.

[9]丁芸，蔡秀云.财税政策促进文化产业创新发展的作用研究[M].北京：中国税务出版社，2016.

[10]费孝通.乡土中国[M].北京：中华书局，2006.

[11]傅才武，彭雷霆.中国公共文化发展指数报告（2019）[M].北京：社会科学文献出版社，2019.

[12]傅才武.近代中国国家文化体制的起源、演进与定型[M].北京：中国社会科学出版社，2016.

[13]贺雪峰.新乡土中国[M].北京：北京大学出版社，2013.

[14] 胡惠林，王婧.中国文化产业发展指数报告（CCIDI）[M].上海：上海人民出版社，2016.
[15] 李红玉.马克思主义城乡融合发展理论及其现实意义[M].北京：中国社会科学出版社，2018.
[16] 梁漱溟.乡村建设理论[M].北京：商务印书馆，2017.
[17] 潘晓成.论城乡关系：从分离到融合的历史与现实[M].北京：人民日报出版社，2019.
[18] 温铁军.三农问题与世纪反思[M].北京：生活·读书·新知三联出版社，2005.
[19] 习近平.决胜全面建成小康社会夺取新时代中国特色社会主义伟大胜利——在中国共产党第十九次全国代表大会上的报告[M].北京：人民出版社，2017.
[20] 习近平关于社会主义经济建设论述摘编[M].北京：中央文献出版社，2017.
[21] 新玉言.国外城镇化——比较研究与经验启示[M].北京：国家行政学院出版社，2013.
[22] 徐双敏.公共事业管理概论[M].北京：北京大学出版社，2013.
[23] 杨志恒，吴先华，于兰军.城乡融合视野下的城镇化发展研究[M].北京：经济科学出版社，2019.
[24] 中共中央党史和文献研究院.十九大以来重要文献选编（上）[M].北京：中央文献出版社，2019.
[25] 中国共产党第十九次全国代表大会文件汇编[M].北京：人民出版社，2017.
[26] 左惠.文化产品供给论[M].北京：经济科学出版社，2009.
[27] 安体富，任强.政府间财政转移支付与基本公共服务均等化[J].经济研究参考，2010（47）.
[28] 安彦林，李齐云.财政分权与地方政府公共文化服务供给[J].广东财经大学学报，2017，32（03）.
[29] 蔡昉.对中国城镇化研究中若干统计数据的辨析[J].城市与环境研究，2014，1（02）.

[30] 蔡起华，朱玉春.农户参与农村公共产品供给意愿分析［J］.华南农业大学学报（社会科学版），2014，13（03）.

[31] 曹爱军.公共文化服务：理论蕴涵与价值取向［J］.湖北社会科学，2009（06）.

[32] 曹海林，任贵州.乡村治理视域下的公共文化服务：功能定位与实践路向［J］.南京农业大学学报（社会科学版），2022，22（03）.

[33] 曾鸣.公共文化支出影响农村居民幸福感了吗？［J］.首都经济贸易大学学报，2019，21（03）.

[34] 曾鸣.互联网使用与农村基本公共文化服务满意度［J］.华南农业大学学报（社会科学版），2018，17（04）.

[35] 常修泽.中国现阶段基本公共服务均等化研究［J］.中共天津市委党校学报，2007（02）.

[36] 陈波，丁程.公共文化服务领域供给侧改革动力机制和路径选择——基于“互联网+”视角的分析［J］.江汉论坛，2017（10）.

[37] 陈波，耿达.博物馆免费开放绩效评价指标体系研究［J］.艺术百家，2013，29（02）.

[38] 陈波，耿达.城镇化加速期我国农村文化建设：空心化、格式化与动力机制——来自27省（市、区）147个行政村的调查［J］.中国软科学，2014（07）.

[39] 陈波，李好.新时代下财政支持公共文化建设的思路与路径选择［J］.湖北社会科学，2018（10）.

[40] 陈波，李婷婷.城镇化加速期中国农村公共文化空间再造：理论与模式构建［J］.艺术百家，2015，31（06）.

[41] 陈波.公共文化空间弱化：乡村文化振兴的“软肋”［J］.人民论坛，2018（21）.

[42] 陈庚，邱润森.新时代完善现代公共文化服务体系建设的路径研究［J］.江汉论坛，2020（07）.

[43] 陈立旭.公共文化服务的均等化与效率［J］.中共浙江省委党校学报，2015，31（01）.

[44] 陈世香，吴世坤.新时代中国公共文化服务研究：既有格局与未来方

向［J］.图书馆，2020（08）.
［45］陈锡文.以新型城镇化与新农村建设双轮推进城乡一体化［J］.求索，2017（11）.
［46］陈旭佳.效果均等标准下基本公共文化服务均等化研究［J］.当代经济管理，2016，38（11）.
［47］程焕文.普遍均等 惠及全民——关于公共服务普遍均等原则的阐释［J］.图书与情报，2007（05）.
［48］程名望，史清华，潘烜.劳动保护、工作福利、社会保障与农民工城镇就业［J］.统计研究，2012，29（10）.
［49］董帅兵，邱星.供给侧视角下我国农村公共文化服务的有效振兴——基于全国31省267个村庄的调查分析［J］.图书馆学研究，2021（02）.
［50］范柏乃，傅衍，卞晓龙.基本公共服务均等化测度及空间格局分析——以浙江省为例［J］.华东经济管理，2015，29（01）.
［51］傅才武，李延婷.公共文化建设为什么不能强化供给侧财政投入方式：一个解释框架［J］.深圳大学学报（人文社会科学版），2020，37（02）.
［52］傅才武，秦然然.中国文化治理：历史进程与演进逻辑［J］.兰州大学学报（社会科学版），2022，50（03）.
［53］傅才武，许启彤.基层文化单位的效率困境：供给侧结构问题还是管理技术问题——以5省10个文化站为中心的观察［J］.山东大学学报（哲学社会科学版），2017（01）.
［54］傅才武，张伟锋.基本公共文化服务均等化研究——模型构建与实证分析［J］.图书馆杂志，2018，37（08）.
［55］傅才武.中国公共文化服务的理论范式与政策逻辑［J］.人民论坛，2019（32）.
［56］傅铭.厘清文化事业与公共文化体系及文化产业的关系［J］.人民论坛，2017（20）.
［57］耿长娟.萨拉蒙对非营利组织理论的新发展及其启示［J］.江南大学学报（人文社会科学版），2014（04）.
［58］顾金孚.农村公共文化服务市场化的途径与模式研究［J］.学术论坛，2009，32（05）.

［59］韩军，刘学芝.基于超效率DEA的公共文化服务供给效率及其影响因素研究［J］.宏观经济研究，2019(03).
［60］何晓龙.国内学界农村公共文化服务供需失衡研究述评［J］.国家图书馆学刊，2021，30（05）.
［61］何义珠，李露芳.公民参与视角下的城乡公共文化服务均等化研究［J］.图书馆杂志，2013，32（06）.
［62］何昀，刘希琼.城乡公共文化服务满意度影响因素差异——基于CGSS2015数据的实证分析［J］.消费经济，2018，34（04）.
［63］贺雪峰，魏华伟.当前三农问题中的十个辩证关系［J］.理论视野，2010（03）.
［64］胡剑，徐茂华.公共文化发展的评估指标体系及其构建［J］.重庆社会科学，2013（10）.
［65］胡税根，李倩.中国公共文化服务政策发展研究［J］.华中师范大学学报（人文社会科学版），2015，54（02）.
［66］胡税根，李幼芸.省级文化行政部门公共文化服务绩效评估研究［J］.中共浙江省委党校学报，2015，31（01）.
［67］胡税根，陶铸钧.中国公共文化的发展逻辑研究［J］.华中师范大学学报（人文社会科学版），2018，57（05）.
［68］黄耀冬.城镇化进程中的社会保障制度改革问题研究［J］.社会保障研究，2017（02）.
［69］焦必方，林娣，彭婧妮.城乡一体化评价体系的全新构建及其应用——长三角地区城乡一体化评价［J］.复旦学报（社会科学版），2011（04）.
［70］荆晓燕.提升基层公共文化服务水平的路径研究［J］.行政论坛，2013，20（04）.
［71］景普秋，张复明.城乡一体化研究的进展与动态［J］.城市规划，2003（06）.
［72］柯平，宫平，魏艳霞.我国基本公共文化服务研究评述［J］.国家图书馆学刊，2015，24（02）.
［73］寇垠，黄凤.我国公共文化服务绩效评价体系研究现状与展望［J］.文化软实力研究，2016，1（04）.

[74] 寇垠，刘杰磊.东部农村居民公共文化服务满意度及其影响因素 [J]. 图书馆论坛，2019，39（11）.
[75] 李兵园，唐鸣.村民参与公共文化服务供给：角色、空间与路径 [J]. 社会科学家，2016（05）.
[76] 李洪佳.新时代的政府购买公共文化服务：价值逻辑、能力要求、提升路径 [J]. 图书馆，2022（05）.
[77] 李金龙，刘巧兰.话语赋权：农村公共文化服务高质量供给的基本保障 [J]. 图书馆建设，2018（10）.
[78] 李少惠，韩慧.我国地方政府公共文化服务承载力的差异研究 [J]. 图书馆杂志，2020，39（07）.
[79] 李少惠，韩慧.西部农村公共文化服务供给效率及收敛性分析 [J]. 深圳大学学报（人文社会科学版），2020，37（06）.
[80] 李少惠，王苗.农村公共文化服务供给社会化的模式构建 [J]. 国家行政学院学报，2010（02）.
[81] 李少惠，王婷.基于双重差分模型的公共文化服务体系示范区创建效果研究 [J]. 山东大学学报（哲学社会科学版），2021（02）.
[82] 李少惠，邢磊.公共文化服务购买中政府与社会组织合作的可持续性问题 [J]. 图书馆论坛，2022，42（05）.
[83] 李少惠，邢磊.社会组织嵌入：农村基层公共文化服务效能提升路径研究 [J]. 图书馆学研究，2021（10）.
[84] 李少惠，余君萍.公共治理视野下中国农村公共文化服务绩效评估研究 [J]. 图书与情报，2009（06）.
[85] 李少惠，袁硕.我国公共文化服务效率影响因素研究：一项元分析 [J]. 国家图书馆学刊，2022，31（02）.
[86] 李世敏.公共文化服务效能提升的三个维度及其定位 [J]. 图书馆理论与实践，2015（09）.
[87] 李毅，荆林波.新时代乡村公共文化建设的功能目标及其实践路向 [J]. 甘肃社会科学，2020（05）.
[88] 李永芳.政府公共文化服务的职能意蕴、尚存问题与创新路径 [J]. 深圳大学学报（人文社会科学版），2020，37（02）.

[89] 李智，张小林，陈媛，李红波.基于城乡相互作用的中国乡村复兴研究［J］.经济地理，2017，37（06）.
[90] 厉以宁.论城乡一体化［J］.中国流通经济，2010，24（11）.
[91] 廖青虎，陈通，孙钰，陶志梅.公共文化服务设施的最优投资管理模式选择［J］.北京理工大学学报（社会科学版），2016，18（01）.
[92] 刘大伟，于树贵.新时代公共文化服务绩效评价的结构转向［J］.江西师范大学学报（哲学社会科学版），2019，52（06）.
[93] 刘红.乡村振兴背景下农村公共文化服务体系建设研究［J］.社会科学战线，2022（03）.
[94] 刘俊生.公共文化服务组织体系及其变迁研究——从旧思维到新思维的转变［J］.中国行政管理，2010（01）.
[95] 刘淑萍，辛冲冲，周全林.中国公共文化服务支出区域差异的实证考察——基于泰尔指数测算及分解分析［J］.财经论丛，2019（03）.
[96] 刘彦随.中国新时代城乡融合与乡村振兴［J］.地理学报.2018（4）.
[97] 刘玉堂，李少多.论新乡贤在农村基本公共文化服务体系建设中的功能——基于农村基本公共文化服务供需现状［J］.理论月刊,2019（04）.
[98] 卢春龙，张华.公共文化服务与农村居民对基层政府的政治信任——来自“农村基本公共文化服务现状调查”的发现［J］.政法论坛，2014，32（04）.
[99] 罗伯特·丹哈特，珍妮特·丹哈特，刘俊生.新公共服务：服务而非掌舵［J］.中国行政管理，2002（10）.
[100] 毛雁冰，韩玉.新常态下公共文化服务供给水平的实证分析［J］.图书馆论坛，2015，35（12）.
[101] 孟祥林.公共文化：发达国家的经验与我国的发展选择［J］.贵州社会科学，2019（09）.
[102] 潘娜.十八大以来公共文化体系建设的新发展［J］.社会主义研究，2017（05）.
[103] 彭雷霆，刘婉娜.政府公共文化服务供给的减贫效应研究——基于1998~2018年省际面板数据的实证分析［J/OL］.图书馆建设［2021-08-14］.

[104] 彭正银.网络治理理论探析[J].中国软科学，2002(03).

[105] 任贵州.城乡公共文化服务设施共建共享机制及路径——以苏州市创建国家公共文化服务体系示范区为例[J].新世纪图书馆，2016(02).

[106] 任和.中国农村基本公共文化服务供给：以送电影下乡为例[J].中国农村观察，2016(03).

[107] 申亮，王玉燕.我国公共文化服务政府供给效率的测度与检验[J].上海财经大学学报，2017，19(02).

[108] 宋小霞，王婷婷.文化振兴是乡村振兴的“根”与“魂”——乡村文化振兴的重要性分析及现状和对策研究[J].山东社会科学,2019(04).

[109] 宋英杰，曲静雅，吕璀璀.文化差异与地区公共文化服务供给——基于财政分权的视角[J].财经研究，2019，45(10).

[110] 苏春红，刘小勇.老龄化的储蓄效应分析[J].山东大学学报(哲学社会科学版)，2009(03).

[111] 孙硕，邓淑莲.国家治理现代化背景下的政府预算收支分类体系研究[J].财政研究，2020(12).

[112] 唐亚林，朱春.当代中国公共文化服务均等化的发展之道[J].学术界，2012(05).

[113] 滕翠华，许可.供给侧改革视域下城乡文化一体化发展问题研究[J].天津行政学院学报，2016，18(06).

[114] 完颜邓邓，王子健，陈晓婷.城市低收入人群获取公共文化服务的困境及应对[J].图书情报工作，2021，65(06).

[115] 王海燕.政府力量：公共文化服务体系的建设主导[J].甘肃社会科学，2013(04).

[116] 王家合，杨硕，杨德燕，姜庆志，柯新利.县域政府购买农村公共文化服务绩效的空间差异——以湖北省咸宁市咸安区为例[J].经济地理，2021，41(01).

[117] 王建国，朱天义，李传兵.农民主体意识与农村公共文化服务体系的构建[J].重庆社会科学，2012(09).

[118] 王军伟，杨太康.农村公共文化服务供需矛盾分析——以西安为例[J].西安财经学院学报，2017，30(05).

[119] 王琳琳，崖潇艺.公共文化服务保障少数民族权利的行动逻辑——基于广西河池市的扎根理论研究［J］.广西民族研究，2021（03）.

[120] 王洛忠，李帆.我国基本公共文化服务：指标体系构建与地区差距测量［J］.经济社会体制比较，2013（01）.

[121] 王晓洁.中国基本公共文化服务地区间均等化水平实证分析——基于1999年、2009年数据比较的考察［J］.财政研究，2012（03）.

[122] 王学琴，陈雅.国内外公共文化服务绩效评估比较研究［J］.情报资料工作，2014（06）.

[123] 王载册，钟丽萍.论公共文化服务的基本性［J］.江汉论坛，2013（10）.

[124] 魏福成，胡洪曙.中国基本公共服务均等化：评价指标与实证研究［J］.中南财经政法大学学报，2015（05）.

[125] 文立杰，纪东东.乡村文化振兴进程中农村公共文化服务的实践转向［J］.图书馆，2021（04）.

[126] 吴高，韦楠华.公共文化财政投入现状、问题及对策研究［J］.图书与情报，2018（02）.

[127] 吴理财，解胜利.文化治理视角下的乡村文化振兴：价值耦合与体系建构［J］.华中农业大学学报（社会科学版），2019（01）.

[128] 吴理财，解胜利.中国公共文化服务体系建设40年：理念演进、逻辑变迁、实践成效与发展方向［J］.上海行政学院学报，2019，20（05）.

[129] 吴理财.把治理引入公共文化服务［J］.探索与争鸣，2012（06）.

[130] 吴理财.非均等化的农村文化服务及其改进对策［J］.华中师范大学学报（人文社会科学版），2008（03）.

[131] 吴理财.公共文化服务的运作逻辑及后果［J］.江淮论坛，2011（04）.

[132] 吴理财.积极推进城乡公共文化服务均等化——基于20省80县（市、区）的问卷调查分析［J］.湘潭大学学报（哲学社会科学版），2014，38（04）.

[133] 吴理财.群众基本文化需求和区域、群体性差异研究——基于20省80县（区）的问卷调查［J］.社会科学家，2014（08）.

[134] 吴理财.以财政标准化投入推进农村公共文化服务均等化发展［J］.行政管理改革，2019（05）.

[135] 向勇，喻文益.公共文化服务绩效评估的模型研究与政策建议[J].现代经济探讨，2008(01).
[136] 肖希明，完颜邓邓.以数字化促进基本公共文化服务均等化的实践研究[J].图书馆工作与研究，2016(08).
[137] 徐莉.城乡一体化中农民文化权益保障问题探析[J].农村经济，2011(06).
[138] 徐双敏，宋元武.当前农村基本公共文化服务供需契合状况实证研究[J].学习与实践，2015(05).
[139] 徐勇.乡村文化振兴与文化供给侧改革[J].东南学术，2018(05).
[140] 许丹，陈果.中国农村公共文化服务制度变迁研究——以制度变迁为分析框架[J].社会科学，2021(03).
[141] 许丹.试论中国农村公共文化服务制度变迁[J].华中师范大学学报(人文社会科学版)，2020，59(06).
[142] 许丹.中国农村公共文化服务制度创新动力分析——基于理性选择制度主义的考察[J].行政论坛，2021，28(02).
[143] 闫平.城乡文化一体化发展的内涵、重点及对策[J].山东社会科学，2014(11).
[144] 闫平.服务型政府的公共性特征与公共文化服务体系建设[J].理论学刊，2008(12).
[145] 严宏，田红宇，祝志勇.农村公共产品供给主体多元化：一个新政治经济学的分析视角[J].农村经济，2017(02).
[146] 杨乘虎，李强."十四五"时期公共文化服务高质量发展的新观念与新路径[J].图书馆论坛，2021，41(02).
[147] 杨刚.城市社区公共文化服务行政化供给研究[J].文化艺术研究，2018，11(01).
[148] 杨林，王璐.城乡公共文化资源非均衡配置的影响因素及其改进[J].宏观质量研究，2017，5(3).
[149] 杨林，许敬轩.公共治理视域下地方财政公共文化服务支出规模绩效评价[J].东岳论丛，2016，37(03).
[150] 杨林，杨广勇.基本公共文化服务供给质量评价及其改进——来自山

东省的实践［J］. 山东社会科学，2020（02）.

［151］杨秀云，赵科翔，苏祎. 我国公共文化服务水平及其影响因素［J］. 西安交通大学学报（社会科学版），2016，36（05）.

［152］杨永，朱春雷. 公共文化服务均等化三维视角分析［J］. 理论月刊，2008（09）.

［153］姚林香，欧阳建勇. 我国农村公共文化服务财政政策绩效的实证分析——基于DEA-Tobit理论模型［J］. 财政研究，2018（04）.

［154］易红，王祝康，詹洁，苏红. 免费开放背景下公共图书馆绩效评价指标体系的构建研究［J］. 图书馆论坛，2014，34（09）.

［155］尹长云. 农村基本公共文化服务的弱势与强化［J］. 求索，2008（06）.

［156］于洪，丛树海. 公共文化提供与财政投入问题研究［J］. 财政研究，2013（12）.

［157］喻锋，徐盛，颜丽清. 绩效评价指标设计的价值理性与工具理性探析——基于中英公共文化服务评价的比较［J］. 甘肃行政学院学报，2015（01）.

［158］占绍文，居玲燕. 基于功能导向的公共文化服务评价体系构建探析［J］. 广西社会科学，2017（02）.

［159］张波，郝玲玲. 公共财政视角下政府公共文化服务职能创新［J］. 学术交流，2010（06）.

［160］张博. 城镇化进程中公共文化服务建设面临的机遇与挑战［J］. 人民论坛，2014（26）.

［161］张博. 公共文化服务供给中的政府作用［J］. 人民论坛，2014（08）.

［162］张广钦，李剑. 基于平衡计分卡的公共文化机构绩效评价统一指标体系研究［J］. 图书馆建设，2017（09）.

［163］张立华，陈洁，刘雪芹. 基于元分析的城乡一体化评价：2004-2011［J］. 统计与决策，2012（17）.

［164］张良. 文化参与机制：公共文化服务建设的制度供给——以宁波市鄞州区为分析对象［J］. 学习与实践，2012（07）.

［165］张良. 政府主导、社会参与、市场配置：农村基本公共文化服务体系建设的理想模式［J］. 理论与现代化，2012（04）.

[166] 张明斗.城乡一体化发展的体制创新策略研究[J].宏观经济研究，2017(02).
[167] 张楠.农村基本公共文化服务绩效评估缺失及其改进——基于江苏乡镇文化站的考察[J].湖南农业大学学报(社会科学版),2012,13(03).
[168] 张启春，山雪艳.公共文化服务体系建设财政保障机制的完善——基于湖北省42个县的问卷调查[J].中南民族大学学报(人文社会科学版)，2019，39(06).
[169] 张启春.区域基本公共服务均等化与政府间转移支付[J].华中师范大学学报(人文社会科学版)，2009，48(01).
[170] 张青.农村基本公共文化服务需求表达流程设计[J].北京行政学院学报，2017(03).
[171] 张守凤，李淑萍.统筹城乡发展的内涵及路径研究[J].山东社会科学，2017(03).
[172] 张天学.农村公共文化产品的供给现状分析及对策建议——基于江苏省徐州地区农村的调查[J].农村经济，2010(06).
[173] 张文礼，侯蕊，赵昕.西北民族地区基本公共服务均等化研究——基于甘、青、宁的实证分析[J].兰州大学学报(社会科学版)，2013，41(05).
[174] 张文亮，陈從瑢.城市居民基本公共文化服务需求研究——以辽宁省为例[J].图书馆学刊，2016，38(01).
[175] 张晓明，李河.公共文化服务：理论和实践含义的探索[J].出版发行研究，2008(03).
[176] 张序，方茜.民族地区基本公共服务均等化分析[J].经济体制改革，2009(04).
[177] 张学昌.城乡融合视域下的乡村文化振兴[J].西北农林科技大学学报(社会科学版)，2020，20(04).
[178] 张玉.中国地方政府公共文化投入效率研究[J].青岛科技大学学报(社会科学版)，2014，30(01).
[179] 张云峰，郭翔宇.建设农村基本公共文化服务体系的长效机制[J].学术交流，2010(03).

［180］赵华.文旅融合下乡村公共文化服务创新体系研究［J］.经济问题，2021（05）.

［181］赵媛，万易.我国公共文化平衡发展问题研究述评［J］.西华大学学报（哲学社会科学版），2019，38（03）.

［182］周晓丽，毛寿龙.论我国公共文化服务及其模式选择［J］.江苏社会科学，2008（01）.

［183］周艳，葛书学.公共文化服务供给绩效评价及时空分异［J］.安徽农业大学学报（社会科学版），2022，31（01）：105–115.

［184］周艳，李文雅.农村基本公共文化服务的供给效果——基于12省172村的调查分析［J］.齐齐哈尔大学学报（哲学社会科学版），2021（10）：46–49.

［185］朱巧玲，龙靓，甘丹丽.基于人的发展视角的新型城市化探讨［J］.宏观经济研究，2015（04）.

［186］朱松梅，雷晓康.城镇化进程中中国农村公共服务供求的困境与求解［J］.西北大学学报（哲学社会科学版），2016，46（02）.

［187］竺乾威.从新公共管理到整体性治理［J］.中国行政管理，2008（10）.

二、外文文献

［1］Ambo S. Are public libraries worth their price?［J］. New Library World，2005（106）.

［2］Bedoya R.. U. S. Cultural Policy：Its Politics of Participation，Its Creative Potential，National Performance Network［EB/OL］，2004，http：//www.npnweb.org /wp–content/ content/files/CulturalPolicy.pdf.

［3］Brida J.G.，Nogare C.D.，Scuderi R..Frequency of museum attendance［J］. Journal of Cultural Economics，2015（3）.

［4］Cellini R.，Cuccia T.. How free admittance affects charged visits to museums：an analysis of the Italian case［J］. Oxford Economic Papers，2018，70（3）.

［5］Courty P.，Zhang F.. Cultural participation in major Chinese cities［J］. Journal of Cultural Economics，2018（2）.

[6] Douglass M. A Regional Network Strategy for Reciprocal Rural–Urban Linkages：An Agenda for Policy Research with Reference to Indonesia [J]. Third World Planning Review，1998，20（1）.

[7] Duelund P.. The Nordic Culture Model [J]. Copenhagen Nordic Cultural Institute，2003.

[8] Friedmann J，Douglass M. Agropolitan development：Towards a new strategy for regional planning in Asia [M]. LosAngeles：University of California，1975.

[9] Galloway S.，Dunlop S..A Critique of Definitions of the Culture and Creative Industries in Public Policy [J]. International Journal of Cultural Policy，2007，13（1）.

[10] Getzner M.. Cultural politics：Exploring determinants of cultural expenditure [J]. Poetics，2015（49）.

[11] Holt G. E.，Elliot D.，Moore A.. Placing a value on public library services [J]. Public Libraries，1999，111（3）.

[12] Howard. E.. Garden Cities of Tomorrow [M].London：S. Sonnenschein Co，1902.

[13] Hwi Jung Kim. Reorienting Cultural Policy：Arts Industries' Approach in South Korea [J]. The Journal of Arts Management，Law，and Society，2021，51（3）.

[14] Kassim N. A.. Evaluating users' satisfaction on academic library performance [J]. Malaysian Journal of Library & Information Science，2009，14（2）.

[15] Kiesling H.J.. Pedagogical Uses of the Public Goods Concept in Economics [J]. Journal of Economic Education，1990，21（2）.

[16] Labrianidis L.，Davoudi S.，EMD Costa，et al. Urban–rural Relations in Europe，2005.

[17] Lee E.，Walker M.，Zeng C..Do Chinese state subsidies affect voluntary corporate social responsibility disclosure? [J]. Journal of Accounting and Public Policy，2017，36（3）.

[18] Lewis W. A.. Economic development with unlimited supplies of labour [J].

The Manchester School of Economic and Social Studies，1954，22（2）.

［19］Li Y. Urban–rural interaction patterns and dynamic land use：Implications for urban–rural integration in China［J］. Regional Environmental Change，2012，12（4）.

［20］Lin Y. F. Rural Reforms and Agricultural Growth in China［J］. American Economic Review，1992（2）.

［21］Line M.B.. The Concept of Library Goodness：User and Library Perception of Quality and Va1ue［M］. Academia Library Management，London：The Library Association，1990.

［22］Lipton M..Why poor people stay poor：Urban bias in world development［M］. Cambridge：Harvard University Press，1977.

［23］Looseley D.. Cultural Policy in France Since 1959：Arm's Length，or Up Close and Personal?［M］. Nordisk Kultur Institute，2001.

［24］Lynch K.Rural–urban interaction in the developing world［M］.London：Routledge Press，2005.

［25］Mcgee T. G.. The Emergence of Desakota Regions in Asia：Expanding a Hypothesis［M］. Honolulu：University of Hawaii Press，1991.

［26］Molander S.，Fellesson M.，Friman M.. Market Orientation in Public Service—A Comparison Between Buyers and Providers［J］. Journal of Nonprofit& Public Sector Marketing，2018，30（1）.

［27］Mumford L.. The City in History，Its Origins，Its Transformations，and Its Prospects［M］. New York：Harcourt，Brace and World，1961.

［28］Nogare C. D.，Bertacchini E.. Emerging modes of public cultural spending：Direct support through production delegation［J］. Poetics，2015，49.

［29］Orr R H. Measuring the goodness of library services：a general framework for considering quantitative measures［J］. Journal of Documentation，1973，29（3）.

［30］Ostrom E.，Walker J..Trust and Reciprocity：Interdisciplinary Lessons from Experimental Research［M］. New York：Russell Sage Foundation，2003.

［31］Peters B. G.. The future of governing［M］. University Press of Kansas，1996.

［32］Pretty J. N.. The living land：agriculture，food and community regeneration in rural Europe [J]. Living Land Agriculture Food & Community Regeneration in Rural Europe，1998，14（1）：106–108.

[33] Reetz E.S.，Knappmeyer M.，Kiani S. L.，et al. Performance evaluation of a context provisioning middleware [A]. International Conference on Computing，Networking and Communications [C]. IEEE，2012.

[34] Rondinelli，Dennis A.. Secondary cities in developing countries policies for diffusing urbanization [M]. Sage Publications，Beverly Hills，1983.

[35] Salamon L. M.. Partners in Public Service：Government and the Nonprofit Sector in the American Welfare State [J]. Government，1987，35.

[36] Samuelson P.A.. The Pure Theory of Public Expenditure [J]. Review of Economics & Statistics，1954，36（4）.

[37] Satterthwaite D.，Tacoli C.. The urban part of rural development：The role of small and intermediate urban centers in rural and regional development and poverty reduction [R].IIED Working Paper，2003（9）.

[38] Thomas E.. Not so “Arm's length”：reinterpreting agencies in UK central government [J]. Public Administration，2014，92（2）.

[39] Throsby D.. The Economics of Cultural Policy [M]. Cambridge University Press，2010.

[40] Tos N. Fiscal Incentive Effects of the Australian Equalization System [J]. Economic Record，2003.2.

[41] Unwin T.Urban–rural interaction in developing countries：A theoretical perspective [A]. In：R.B. Potter，T.Unwin，eds.The Geography of urban–rural interaction in developing countries：Essays for Alan B. Mountjoy [C]. London：Routledge，1989.

[42] Yan L.，Ma M. U.，Ye A.. Has financial development benefited the performance of publicly traded cultural and creative firms? Evidence from China [J]. Journal of Cultural Economics，2020，44（3）.

[43] Zimmer A，Toepler S. The Subsidized Muse：Government and the Arts in Western Europe and the United States [J]. Journal of Cultural Economics，2010（23）.